本书为作者2019年承担的
河北省社会科学基金项目
项目编号：HB19YS047

古隘书风
——河北龙门峡摩崖石刻研究

刘国胜／著

吉林大学出版社
·长春·

图书在版编目（CIP）数据

古隘书风：河北龙门峡摩崖石刻研究/刘国胜著. --长春：吉林大学出版社, 2022.7
ISBN 978-7-5768-0070-8

Ⅰ.①古… Ⅱ.①刘… Ⅲ.①摩崖石刻–研究–满城县 Ⅳ.①K877.494

中国版本图书馆CIP数据核字(2022)第134854号

书　　名：古隘书风——河北龙门峡摩崖石刻研究

GU'AI SHUFENG——HEBEI LONGMEN XIA MOYA SHIKE YANJIU

作　　者：	刘国胜　著
策划编辑：	矫　正
责任编辑：	矫　正
责任校对：	甄志忠
装帧设计：	雅硕图文
出版发行：	吉林大学出版社
社　　址：	长春市人民大街4059号
邮政编码：	130021
发行电话：	0431-89580028/29/21
网　　址：	http://www.jlup.com.cn
电子邮箱：	jldxcbs@sina.com
印　　刷：	天津和萱印刷有限公司
开　　本：	787mm×1092mm　1/16
印　　张：	9.25
字　　数：	170千字
版　　次：	2023年5月　第1版
印　　次：	2023年5月　第1次
书　　号：	ISBN 978-7-5768-0070-8
定　　价：	58.00元

版权所有　翻印必究

目录 CONTENTS

绪论 / 1

  （一）选题的缘起与研究意义 / 1

  （二）研究背景与现状 / 2

  （三）研究方法与内容 / 3

上篇：河北古关隘龙门峡摩崖石刻 / 7

一、河北古关隘概述 / 8

  （一）关隘概述 / 8

  （二）河北古关隘 / 9

二、河北古关隘摩崖石刻概况 / 11

  （一）摩崖石刻概念解析 / 11

  （二）河北古关隘摩崖石刻分布调查 / 11

三、涞水龙门峡摩崖石刻 / 24

  （一）辉煌的大龙门口 / 24

  （二）龙门峡摩崖石刻的成因 / 31

  （三）龙门峡摩崖石刻的地域书风 / 33

四、龙门峡摩崖石刻的社会价值和意义 / 40

    （一）史料价值 / 40

    （二）艺术价值 / 40

    （三）雄关精神 / 41

    （四）文化旅游 / 41

    （五）文化传承 / 42

五、龙门峡摩崖石刻旅游开发与保护 / 43

    （一）龙门峡摩崖石刻的独特性 / 43

    （二）龙门峡摩崖石刻旅游开发的现状 / 43

    （三）龙门峡摩崖石刻旅游开发原则及策略 / 44

    （四）龙门峡摩崖石刻保护措施 / 46

中篇：大龙门文化考察 / 49

一、大龙门村考 / 51

    （一）大龙门村：守军的后代 / 51

    （二）解放后大龙门历史沿革 / 56

    （三）口述大龙门 / 57

    （四）大龙门的戏 / 66

二、大龙门民俗——灯会 / 68

    （一）大龙门村的龙门灯会简介 / 68

    （二）口述灯会 / 69

三、大龙门的庙宇与衙门 / 72

    （一）大龙门的庙宇 / 72

    （二）大龙门的衙门 / 75

四、大龙门民间传说 / 77

　　（一）关公显圣 / 77

　　（二）账房先生张玉智的故事 / 78

　　（三）灯会由来传说 / 78

　　（四）真武庙铜钟的传说 / 79

下篇：龙门峡摩崖石刻考 / 81

一、佛造像 / 83

　　（一）立儿石造像（图40） / 83

　　（二）水渠旁佛造像 / 85

　　（三）公路旁佛造像 / 86

二、历代摩崖题刻 / 87

　　（一）万仞天关（图44） / 87

　　（二）崇山浩水（图46） / 89

　　（三）金汤万仞　王垒千寻（图47） / 90

　　（四）峭壁千重（图48） / 92

　　（五）天成形胜（图49） / 93

　　（六）龙行虎踞 玉璧金汤（图50） / 94

　　（七）龙门天险（图51） / 95

　　（八）清泉泻涧（图54） / 98

　　（九）两山壁立青霄近，一水中分白练飞（图56） / 99

　　（十）峯环万叠、险胜重围（图57） / 100

　　（十一）疆域咽喉（图59） / 101

　　（十二）峰舞天中，云来眼底（图60） / 102

　　（十三）千峯拱立（图62） / 105

　　（十四）翠壁奇峯（图63） / 106

　　（十五）龙门峡（横题）（图66） / 108

（十六）龙门峡（竖题）（图67）／109

（十七）（仞）壁立万仞（图68）／109

（十八）古代和节氏漫赋（图70）／110

（十九）谁将天姥宅……（图71）／113

参考文献／115

附录一　二圣碑记／117

附录二　大龙门任职及到访官员／120

附录三　赫达·莫里逊镜头下的大龙门／123

附录四　大龙门及周边散落的历史遗物／127

后记／136

绪 论

（一）选题的缘起与研究意义

龙门峡摩崖石刻地处河北省保定市涞水县九龙镇的大龙门城堡西北0.5千米，张家口市与保定市的交界处，也就是过去的宣化府与保定府的交界处，属于野三坡旅游文化景区。大龙门城堡曾是明清时期驻军所在地，现在已经变为大龙门村。村内宾馆众多，供游客居住。有写生基地，主要接待来此写生的美术专业师生。2016年春，笔者带沧州师范学院学生来此写生考察，才发现此处还有如此有价值的明清摩崖石刻而不为外人所知。

摩崖石刻作为一门古老的石刻艺术，在中国有着悠久的历史。在科技不发达的古代，摩崖石刻作为一种文化记录的符号，成为人们记事抒怀的重要方式，在中国浩瀚的文化宝库中遗留甚多。龙门峡摩崖石刻作者不是一般的文人墨客，主要为明清时期的驻军将领留下的墨迹，成为独特的边塞文化。它具有丰富的历史文化内涵和极高的史料价值，为后人研究明清军事、书法艺术留下了大量一手资料。

1. 龙门峡摩崖石刻保护的急迫性

龙门峡摩崖石刻雕刻于龙门峡谷的石壁上，与其他地方的石刻一样，处于自然存在状态，没有任何保护措施，古迹文化的保护迫在眉睫。一是摩崖石刻本体的物理改变。目前，龙门峡的摩崖石刻部分已经出现风化现象，并没有采取相应的保护措施，如不加以合理保护，只能会加快其消失的速度，摩崖石刻也终将从现代文明中消逝。二是摩崖石刻产生时的历史环境。现在越来越重的商业气息，在慢慢侵蚀摩崖石刻本身的自然环境，所传达出的边塞文化精神在逐渐改变。这些应引起相关管理部门的重视，应该采取相应的保护措施。有形的文化遗产需要保护，无形的文化遗产也需要保护。保护的不只是物质，还有精神。

2. 关隘文化遗产整体性研究的必要性

龙门峡摩崖石刻选址精妙，依山而凿，巧妙地利用山地自然环境，形成了具有浓厚地域特色的边塞文化景观。独特的地理位置造就了独特的边塞文化。以龙门峡摩崖石刻为研究对象，并结合古关隘文化，除研究摩崖石刻的本体外，还应研究其所处的历史环境、所传达的边塞文化，挖掘出它的书法美学、社会价值，在美学视角下重新审视龙门峡摩崖石刻。

传承和弘扬优秀民族文化传统，保护民族文化遗产，增强民族自尊心和文化自豪感，不但对中华民族伟大复兴具有深远意义，而且对人类文化的多样性保护也是重要贡献。

时至今日，古关隘又注入了一种新的文化内涵，那就是旅游文化。本书从艺术美学的角度审视古代关隘文化，描绘祖国的大好河山，以促进当地旅游文化的发展，进一步增强人们对文化遗产的保护意识。

（二）研究背景与现状

河北自古以来在边防上就有着重要的地位。尤其是明成祖朱棣定都北京后，河北就成为拱卫京城的一道重要防线。北方的少数民族多是通过河北才能进入中原，地理位置的特殊性使得河北境内的古长城、古关隘众多。

河北省境内古长城分战国、秦、汉、明长城等。目前，境内有迹可循的古长城以明长城为主，最新的长城调查统计发现战台、烽火台等200余处，关口、隘口200多所。作为紫荆关通往山西的交通要道——龙门峡，不只是一个重要关口，还遗留了众多的摩崖石刻，被誉为"历史文化长廊"。摩崖石刻作为一种文化记录符号，以其易于保留的特点，成为人们记事抒怀的重要方式，也为后人研究留下第一手资料。

李楠编著的《中国古代关隘》对古代关隘文化进行了概述，并重点介绍了全国50多个重要的古关隘。文杰林编著的《长城关隘：万里长城的关卡》主要介绍了山海关、居庸关、紫荆关、娘子关、雁门关、嘉峪关等著名关隘，以及明代将军和军士奉旨筑关的历史，强调古关隘在军事上的重要历史地位。陈璞的《长城的关隘》介绍了始建于战国时期的雄关，元代时建成居庸关云台，抗倭英雄戚继光整修关隘等历代修建关隘的历史事件，明朝定都应天府之后，朱元璋为了防御北方元军残余力量南下侵扰，开始在京城以北边塞之地围城设防。张学亮的《雄关漫道：北方的著名古代关隘》，侧重介绍了甘肃玉门关、甘肃阳关、山西太行关、陕西潼关、山西宁武关等几个历史著名的古关隘。齐鲁电子音像出版社的《中国古关隘文化》则以影像的方式，从历史文化、地域文化、军事文化和建筑文化等几个角度，向人们介绍了山海关、居庸关、杀虎口、雁门关、嘉峪关、仙霞关、函谷关、剑门关等从南到北、在广阔的中华大地上遍布的成百上千个大大小小的关塞和隘口。马长泉在

《中国古代边防思想初探》[①]中对中国古代边防思想，主要包括华夷之辨、羁縻制度、以夷制夷等内容进行了阐述，在中国历史上对于维持边疆地区的稳定和社会的发展起到了积极作用。余同元在《明代九边述论》[②]中介绍了明代的边防设施——"九边"，论述了九边形成的原因，侧重介绍其形成过程是大明王朝在军事化统治上进一步加强的过程，阐述了明代北部边防由强到弱的转变原因。这方面的文章还有杨晓刚的《明代九边关禁研究》，刘珊珊的《明长城居庸关防区军事聚落防御性研究》，王琳峰的《明长城蓟镇军事防御性聚落研究》等，多从历史文化、边防制度及作为古代边防的个案来研究，但都侧重于关隘防御本身的价值。

吴建冰的《摩崖石刻的旅游学价值——以桂林摩崖石刻为例》中以桂林摩崖石刻为例，除介绍了古代摩崖石刻的文学、教育、历史、哲学、宗教、军事、政治等价值外，还侧重审视其在旅游学上的价值，为现代旅游学研究提供了有益的借鉴。刘琼、吴超华在《中西石刻艺术精神之比较研究——以中国古代摩崖石刻与古希腊石刻艺术为例》中针对中西不同的文化背景，从文化层面审视两种艺术的不同特点与审美追求，传达不同民族特有的民族心理与文化内涵。张辉的《秦陇川要道两当南路一线天明清摩崖石刻研究》，张鹏来的《连云港古代摩崖石刻书法研究》，袁晶的《浅谈三清山风景区摩崖石刻造像艺术美学意蕴》也多侧重于从书法风格史的角度研究古代摩崖石刻的艺术审美价值、历史文献意义等。

从以往的研究中可以看出，对于古关隘的研究多集中在比较著名的关隘，往往侧重于历史地理、军事制度、防御功能等方面。而对于摩崖石刻的研究多侧重于书法艺术本身的审美价值以及宗教文化等人文精神。这两个角度的研究都无法完整地体现出龙门峡古关隘摩崖石刻独特的文化价值与审美意义。作为华北地区规模最大的摩崖石刻群，作为古代边关将领的墨迹，它不同于其他地方的摩崖石刻。龙门峡古关隘摩崖石刻有它的特殊历史意义与文化价值，这也是笔者想要探讨的地方。

（三）研究方法与内容

1. 研究方法

龙门峡摩崖石刻位于河北省保定市涞水县大龙门村旁，归野三坡旅游文化景区管辖，交通便利，食宿方便，平时可以利用周末进行考察研究，也可以利用寒暑假集中时间前去调查研究。

---

① 马长泉. 中国古代边防思想初探［J］. 天中学刊，2015（03）：117-123.
② 余同元. 明代九边论述［J］. 安徽师大学报（哲学社会科学版），1989（02）：233-240.

本书主要采用田野调查研究法、史料分析法以及访谈法。

（1）史料分析与田野调查法

史料分析与田野调查相结合的方法是本书的基本方法。本书的史料来源主要有官修典籍、地方志书、明清笔记、碑刻、摩崖石刻等。在借鉴史料时不能一味地依赖古籍史料，还应注意史料的真实性及可参考价值。而田野调查法是考察龙门峡摩崖石刻最直接、最直观的方法。通过对摩崖石刻的文字辨认、拍照、测量尺寸、确定位置、统计数量，再利用文献资料对石刻内容和刻石年代进行校勘，以此验证古籍史料的真实性；然后对石刻分布的位置、分类、意义、所体现的社会经济发展信息、边防意义等方面进行分析和探究，与宗教石刻进行比较研究。

（2）访谈法

龙门峡摩崖石刻的产生绝不是偶然的，它必然与它所在的时代背景、社会、政治、军事、自然地理、历史文化等相关联。大龙门城堡所在地大龙门村不少居民的祖上曾经在大龙门口当差，他们世代在这里生活，从祖辈那里就流传下来许多关于古关隘、古长城、城堡的故事与传说，还有当地的民风民俗，这些都与龙门峡的历史息息相关。以访谈的方式进行调查研究也是本书的方法之一。

2. 研究内容

（1）研究对象

古代统治者为了防御外敌的入侵，往往会在一些险要的地方修建一些关口。在我国悠久的历史上，有许多著名的军事关口、城堡，在历朝历代的防御战争中做出了巨大贡献。

龙门峡摩崖石刻位于河北省保定市涞水县的大龙门村旁，是明长城的重要关口，也是紫荆关通往山西的交通要道。历朝均将此地视为兵家必争之地，此处建有大龙门城堡，历代官家均派兵把守，是一处"一夫当关、万夫莫开"的军事要塞。此地的城堡、关隘与众不同之处在于，它不只是古代的军事要隘，还遗留下来大量明、清守军将领的摩崖石刻，这在其他古关隘是不多见的。

大龙门城堡西北500米处即为著名的龙门峡摩崖石刻，分布于壁立的崖口峭壁之上。摩崖石刻群全长1000多米，壁上诗词题咏以明清巡防驻守关隘的将领所作的词、绝句和题记居多。全峡刻字多达二三十处，石刻文字或大或小，高低错落。此处石刻内容独特，大致可以归为两类：一类是描写此地山河壮丽清秀之美，抒发了将士们的家国情怀，这一类多运笔潇洒自如，刚柔相济，灵动飞扬，如："峰舞天中，云来眼底""千峰拱立""翠壁奇峰""清泉泻涧""两山壁立青霄近，一水中行白练飞"等；另一类描述地势险要、山关雄伟，以壮军威，激发守关将士的信心，此类多笔力顿挫遒劲，字迹浑厚，大气磅礴，如"壁立万仞""万仞天关""峭壁千重""疆域咽喉""峰环万叠，险胜重围""金汤万仞，玉垒千寻""天成形胜""龙行虎踞，玉壁金汤"等。

（2）总体框架

①河北省古关隘摩崖石刻的分布调查

我国历来有注重文字记载的传统，摩崖石刻作为一种文化记录的符号，以其易于保留的特点，成为人们记事抒怀的重要方式，也为后人研究留下第一手资料。摩崖石刻书法内容被历代金石学家认为具有真实性和可靠性。通过文献研究，侧重整理河北省境内古关隘摩崖石刻的分布情况，与全国相比有何特点与不同，龙门峡摩崖石刻又在河北省古关隘摩崖石刻中占据怎样的位置。

②龙门峡摩崖石刻的现状调查

实地考察龙门峡摩崖石刻，并进行拍照、统计与分类，搜集第一手资料，走访当地居民，对了解相关历史的居民进行访谈；拜访文化旅游部门，咨询相关专家学者，查阅地方志，了解相关的历史资料；史料与实证相对应并进行艺术分析。

第一，分析其书法艺术价值。龙门峡摩崖石刻书法多为明清时期所刻，至今几百年，大小不一、形制多样，分布在龙门峡的各个地方，与大自然完美融合、相得益彰，形成独特的人文景观。摩崖石刻因受山体大小、高低、形制的限制，作品的形式和章法作为形式美感也会随之改变，形式与内容相呼应。龙门峡摩崖石刻书法具有雄壮有力、气势磅礴、洒脱隽秀、字体硕大壮美的特点，刻于古关隘石壁上既鼓舞士气民心，同时又有震慑入侵者之意。鉴于当下龙门峡摩崖石刻艺术的价值，本书力求由表及里地探究龙门峡摩崖石刻在独特的地理位置、特定的时代背景下形成的书法技法和风格演变的内在原因，从而展现其作为多元文化载体的艺术魅力和传承价值。

第二，与宗教石刻相比较的分析研究。通过解读摩崖石刻的文字内容，探究其中所蕴含的文化价值。龙门峡摩崖石刻书法根植于中国传统文化，其形成于特殊的历史时期与特定的地理位置，使它深受当时政治、军事、文化的影响，因此，龙门峡摩崖石刻有别于传统的具有宗教意义的摩崖石刻。龙门峡摩崖石刻与众不同，在于它既有较高的书法审美价值，又有很高的史料价值，尤其是它的题写内容形成了特殊的边塞文化。龙门峡摩崖石刻与河东岸公路边巨石上的观音画像，还有水中的三尊石佛像形成了鲜明的对比。它们承载着不同的文化，体现不同的审美和人文的情怀。

③文化精神及旅游与教育

第一,文化精神。许多人误以为武将都是粗人,只懂得舞枪弄棒,但明清时期守卫边关的将士能够题写如此精彩的书法、诗句,可见在当时武将也是有文学修养的,也从侧面反映出了当时戍边将领的书法文学修养。而且,他们所处的历史背景,所处的境遇,决定了他们所题写的诗句多与把守边关有关。其内容体现了将士守关的雄心壮志与对所守关隘的热爱,如:"万仞天关""金汤万仞,王(sù)垒千寻""龙行虎踞,玉壁金汤"等。而"两山壁立青霄近,一水中行白练飞""清泉泻涧""峰舞天中,云来眼底"等诗句则体现了守关将士对山河壮丽清秀之美的热爱,展现了侠骨柔肠的另一面。

第二,旅游与教育。摩崖石刻是历史遗存下来的不可再生的人文资源,近些年才成为被景区管理部门所重视的人文景观。在妥善保护好的前提下合理地开发利用,才能有利于这种文化精神的传承。旅游开发并不只是简单地讲解摩崖石刻的书法怎样读、是谁写的,而是需要对摩崖石刻的价值进行全面评估,相应地改善周边环境、设计最佳的游赏线路、改进完善石刻内容的解说教育等工作,以及研发相关旅游文创产品,才能很好地传承这种边塞文化的精髓;也可以与当地学校合作,实现历史文化进校园,在学校进行传播,使文化得以传承,在当今和平年代能起到较好的教育作用。

(3) 重点难点

龙门峡摩崖石刻大多为明代驻守将士所题,较为集中,这在全国是不多见的。本书重点研究龙门峡摩崖石刻独特的边塞文化价值与审美意义,探寻明代那段历史。难点为:由于年代久远,摩崖石刻长时间经历风吹日晒,开始风化,部分字迹模糊不清,尤其是字体较小的落款不好辨认;多处石刻在陡峭的崖壁上,距离地面较高,环境复杂,不好考察辨识;还有一些将领在历史上知名度并不高,查找相关资料有一定难度。大龙门村一些与其相关的有价值的石碑有的在抗战期间丢失损坏,有的在不被重视的年代不知所踪。这些都为调查大龙门摩崖石刻带来了很大的难度。

(4) 主要目标

本书以龙门峡摩崖石刻及其环境的研究为切入点,除研究摩崖石刻的本体外,还研究其所处的历史环境、所传达的边塞文化精神,试图对龙门峡摩崖石刻进行全面的价值识别及评估,然后依据摩崖石刻与环境的关系特征进行分类研究,最后对摩崖石刻及其环境的保护与展示提出合理化建议。笔者希望相关部门能加强对龙门峡摩崖石刻的保护和研究,推动地方文化事业的繁荣发展。

上篇：
河北古关隘龙门峡摩崖石刻

一、河北古关隘概述

（一）关隘概述

1. 关隘内涵

在古代，关和隘的内容不同。关，本意为门闩，使开着的物体合拢，引申为边境上的出入口，有边境要道上的门户之意。《资治通鉴·后梁太祖开平元年》中说："军士或思乡里逃去，关津辄执送所属。"胡三省注：关，往来必由之要处；津，济度必由之要处。这里，关即关口，津即渡水的地方，都有类似"关"的作用，合称关津，指水陆交通必经的要道。如果说关含有人为的控制因素，隘则指天然的客观存在的地理状态，指狭窄、险要的地方。关与隘组合成关隘，是一个汉语词汇，是指险要的关口。

在古代，交通要道设立防务关卡、修筑城堡工事；险要边界之地修建关口，重点防守，这些都可以称之为关隘。和平时期，关隘平时检查过往的商人，征收关税，也可管制过境人员；战争时期，关隘则是难以逾越的关口，可以用于防御敌人的入侵。因此，古代在交通险要的地方或边境出入的地方建立关隘有政治、军事目的，但关隘本质上属于军事设施，建设关隘用于守卫与防御的意义更大。

2. 关隘本质

在我国设置关隘的历史源远流长，也有许多著名的军事关口、城堡，在历朝历代的防御战争中做出了巨大贡献。古代统治者为了防御外敌的入侵，往往会在一些险要的地方修建一些关口，因此，古代关隘是战争的产物，本质是军事设施。在冷兵器时代，关隘的设置尤为重要，它的兴废和战争密切相关。在中国几千年的历史长河中，烽烟战火很少断过。在自然的侵蚀与战争的不断破坏下，古代关隘几多变迁。战争一方面使部分关隘毁于战火，甚至荡然无存；另一方面也催生了新关隘的修建，使古关隘遍及中华大地。关隘是不是有一定数量的驻军，并有相应职务的官吏，是其存在与废弃的标志。不同等级的关隘，会驻扎不同数量的军队。当军队撤走时，关隘也就失去了它作为军事设施的本质意义。

3. 关隘文化

关隘文化作为一种文化现象，有着独特的美学属性和自身的传承。与之相关的历史掌故、诗歌、民间故事众多，如南北朝诗歌《乐府诗集·横吹曲辞五·木兰诗一》："万里赴戎机，关山度若飞。"描述了战士不远万里奔赴战场，飞一样地跨过一道道的关口。唐朝诗人李白的"长风几万里，吹度玉门关"，王之涣《凉州词》的"羌笛何须怨杨柳，春风不度玉门关"，这些诗句使玉门关声名远播。唐朝诗人王维《送元二使安西》的"劝君更尽一杯酒，西出阳关无故人"，描述了阳关以西荒无人烟的大沙漠。毛泽东主席曾以"雄关漫道真如铁，而今迈步从头越"来形容娄山关之坚。所以，历史上留下了大量描写关隘的诗词。

4. 关隘功能

（1）军事功能

关隘是战争的产物，自然具备军事功能，也是关隘的本质功能。战争年代，为了保卫自身安全，会利用有利的地理条件，选择具有重要战略、战术价值的关津要道修建关隘，构建防御体系，并派兵驻守，以保障关内人民的财产和生命安全。关隘一般利用天时地利修筑在地势险要的地方，"因险制塞"，目的为军事防御，"险"成为影响军事防御和战争的重要因素。这些地方或是深沟峡谷之中，或是靠山临水的咽喉之地，进可攻、退可守，一夫当关、万夫莫开，在冷兵器时代具有重要的军事意义。

（2）政治功能

关隘是人为利用险要的自然条件修建的工事，可以成为限制出入某一地区的交通要道。在古代，各政权通过控制交通要塞，限制人员出入可以达到某种目的。比如通过设卡，控制对政权影响大的关键人物，进而达到政治目的。动荡年代可以通过限制人员流动起到稳定社会的作用，达到维护地区安全的目的。

（3）经济功能

古代关隘一般设置在咽喉要道上，战争时期可以有效地御敌于外，是难以逾越的关卡；和平时期设置关卡，是关内外人们进行贸易、交流的通道，能够有效限制人员往来和军事活动。冷兵器时代，关口是不同地区物资交流的必经之路。商贾可以云集到关口展开贸易，政府利用关口开设市场，并设关卡征税，增加国家财政收入。也正因此，清朝在废弃长城后，却保留了部分重要交通枢纽的关隘，目的就是控制税收。

（二）河北古关隘

河北地处北方，自古以来在边防上就有着重要的地位，明成祖朱棣定都北京后，河北就成为拱卫京城的一道重要防线，战略位置更加重要。当时明朝最大的军事威胁来自长城以北的蒙古族的侵扰以及后期女真族的奔袭。明朝为了预防北方的少数民族入侵，不得不大量修建长城、关隘等防御工程，所以，明朝是中国历史上关隘工程大发展的时期。现今我们所见的古长城、关隘多为这个时期修筑或重新修筑。河北古关隘有如下特点。

1. 数量丰富

河北境内目前能看到的长城、关隘大多为明代修筑。环抱京师的特殊地理位置，悠久的历史，战略上、武备上的考虑，以及当时明朝的政治形势要求对外以守和为主，所以成为修建关隘的兴盛期。正因于此，使得河北的古长城、古关隘众多。据《畿辅通志》记载河北省明长城沿线著名的关隘就有254座，还有一些无名的小关，而实际数量要大得多。

2. 分布科学

河北境内古代关隘数量众多，分布也较为科学合理。就分布上来讲：首先，这些关口大多建立在通衢要道上，且多和关城相连，与长城共同构成完整的防御体系。选河口之地建关是河北境内明长城关隘的显著特点，这是因为北方少数民族入侵多沿河道而入。还有山口建关，山口有的河流通过，有的则绝壁峭立，涞水大龙门就是典型的代表。总之，古人选建关隘之地历来兵家必争，在军事上易守难攻，有着非凡的意义。

3. 知名度高

河北省古关隘不仅历史悠久，而且知名度较高，在古代就具有较高的影响力，现如今虽饱经沧桑，但多数遗址尚存。如山海关、居庸关、紫荆关、倒马关等都是非常著名的关口，在历史上发挥了积极的作用。众多珍贵的历史遗存形成了今天特有的关隘人文景观，并逐渐形成了古朴的文化风俗，影响越来越深远，知名度也随之越来越高。比如，大龙门口在历史上是一个小关口，在古代无法与居庸关、紫荆关、倒马关等相比。现在，随着交通的便利和旅游开发，它的文化价值愈发凸显。其所在地大龙门城堡已经公布为全国重点文物保护单位，龙门峡摩崖石刻为河北省文物保护单位。大龙门村独一无二的龙门灯会，自古以来一直在每年农历正月十四、十五、十六举办，吸引了附近居民及远方游客前来参观，多时上万人，影响深远，这些都是普通村落、关隘所不具备的。

二、河北古关隘摩崖石刻概况

（一）摩崖石刻概念解析

摩崖即摩崖石刻，是中国一种独特而古老的石刻艺术。清代冯云鹏在《金石索》中说："就其山而凿之，曰摩崖。"马衡在《凡将斋金石丛稿·中国金石学概要》中指出："刻石之特立者谓之碣，天然者谓之摩崖。"所以说，摩崖石刻强调天然性，是指在天然的石壁上摩刻的文字，广义上还包括摩刻的造像等图像内容。

作为中国古代的石刻艺术，摩崖起源于远古时期的一种记事方式，在中国有着悠久的历史。摩崖石刻作为一种文化记录的符号，盛行于北朝时期，直至隋唐以及宋元后亦连绵不断。在古代纸张等书写材料相对匮乏的年代，摩崖石刻有易于保留的特点。中国悠久的历史，深厚的文化底蕴，使摩崖石刻成为人们记事抒怀的重要方式，这为摩崖石刻的书撰留题提供了良好的人文历史环境。造就了摩崖石刻数量众多、形式多样、分布广泛、内容丰富的特点，具有丰富的历史文化内涵和极高的史料价值，为后人研究提供了宝贵资料。如今，这些不同年代、不同民族文字的摩崖石刻已成为独具特色的历史文化遗产。许多摩崖石刻为不同时期的历史文化名人所题写，其中不乏像《石门颂》《瘗鹤铭》等书法精美绝伦的经典之作，具有非常珍贵的艺术价值，为后人留下了丰厚的文化遗产。

摩崖石刻在中国浩瀚的文化遗存中遗留甚多，在修建长城的过程中同样也留下了大量石刻，这其中包括城工碑、阅视碑、鼎建碑、门额、纪年记事刻石、边塞摩崖石刻等，为我们研究古代长城、关隘文化以及当时的书法艺术提供了珍贵的资料。

（二）河北古关隘摩崖石刻分布调查

据学者郑绍宗介绍，河北省境内古长城分战国、秦、汉、明长城等。目前，境内有迹可循的古长城以明长城为主，最新的长城调查统计发现战台、烽火台等200余处，关口、隘口200多所。作为关隘摩崖石刻，河北省范围内分布比较集中在保定市涞水县龙门峡与张家口赤城县龙门崖。这两处集中了河北省大部分的古关隘摩崖石刻，尤以龙门峡最为集中，其他地方都是零星散布。

古隘书风——河北龙门峡摩崖石刻研究

1. 涞水龙门峡摩崖石刻

涞水龙门峡摩崖石刻位于九龙镇大龙门村西侧。这里在明清时期为军防要地，长约1000米的峡谷就建有三道防锁线，内有敌楼、绊马索等防御措施，可见此地在古代军事上的重要性。峡谷两侧为悬崖峭壁，天然的军事屏障，东南紧邻大龙门城堡，西北方向2000多米处便是蔡树庵长城，北面明阳山上有大炮台，远处东北方向小炮山上也有炮台，组成了一个完整的古代防御体系（见图1）。在峡谷的两壁上题有大量明清时期来此巡察官员、在此驻守关隘将领的书法遗迹（见表1），形成了独特的边塞文化景观。据不完全统计，目前共发现相对清晰可见的摩崖石刻文字有19处，摩崖造像3处，共22处，据当地村民讲还有将近20处特别模糊难寻的摩崖石刻。此为华北地区规模最大的一处摩崖石刻群。

这些壁上刻石文字或大或小，高低错落，以绝句和题记居多。石刻内容大致可以归为两类：一类是描写此地山河壮丽清秀之美，抒发将士们的家国情怀，这一类多运笔潇洒自如，刚柔相济，灵动飞扬。如："峰舞天中，云来眼底""千峰拱立""翠壁奇峰""清泉泻涧""两山壁立青霄近，一水中行白练飞"等。另一类描述地势险要、山关雄伟，以壮军威，激发守关将士的信心。此类多笔力顿挫遒劲，字迹浑厚，大气磅礴。如："壁立万仞""万仞天关""峭壁千重""疆域咽喉""峰环万叠，险胜重围""金汤万仞，王垒千寻""天成形胜""龙行虎踞，玉壁金汤"等，对龙门天关和大龙门城堡要塞进行了高度的艺术概括。

图1 小炮山、大龙门城堡、大龙门长城、龙门峡谷示意图（王学雷供图）

表1 龙门峡摩崖石刻作者、时间、官职及内容等

序号	作者	时间	官职	内容	备注
1	贾三近（1534—1592）	明万历己酉年（1585年）秋九月	都察院右佥都御史官至兵部右侍郎（1592年册封）	万仞天关	高2.15米，宽1.8米
2	李明善		钦差看练两门军马太监	崇山浩水	
3	吕志如		钦依马水口总兵	金汤万仞 玉垒千寻	字径约0.75米
4	王世兴	明万历（1618年）岁春二月十五日	都门	峭壁千重	
5	何继文	明万历年间	钦依大龙门把总指挥	龙行虎踞 玉壁金汤	万历武进士 字径约0.50米
6	何继文	明万历年间	钦依大龙门把总指挥	天成形胜	字径约0.80米
7	何东序			龙门天险	据考证，郇为周代诸候国名，在今山西临猗县西南
8				清泉泻涧	
9				两山壁立青霄近 一水中分白练飞	
10				峯环万叠 险胜重围	
11				疆域咽喉	
12				峰舞天中 云来眼底	
13	倪尚忠	1591—1592年间	镇守保定总兵官	千峯拱立	
14				翠壁奇峯	
15				龙门峡（横题）	
16				龙门峡（竖题）	
17				（仞）壁立万仞	
18	和节氏			万山深处见龙门，石壁嵯峨俯塞垣。下有清流常不竭，上无丛蔓可能援，鸾翔绝顶青霄近，豹隐重岩紫雾繁。应是宝符曾无秋，金城千里壮京原。	

上篇

河北古关隘龙门峡摩崖石刻

13

续表

序号	作者	时间	官职	内容	备注
19				谁将天姥宅 劈作云嶙岣 焦尾惊千叠 桃花映一津 空光摇白练 暮霭动青旻 拟作龙门似 硌砑见爪鳞	
20				S241公路上佛造像	
21				立儿石水月观音造像	
22				水下阿弥陀佛佛造像	

注：由于部分摩崖石刻风化严重，尤其是落款部分字体较小，已经模糊不清，又距离地面较高，很难辨认，故部分摩崖石刻作者、官衔难以考证。

2. 河北赤城龙门崖摩崖石刻

龙门崖（图2）又名舍身崖，地处张家口赤城县云州水库大坝下，距县城约15千米，距云州村2.5千米。据记载，这里汉代称为独固门，唐代称为龙门崖，清代称为龙门峡，当地老百姓更喜欢称舍身崖，你若在当地打听"龙门崖"可能没有多少人知道。汉代称为"独固门"，非常形象——双峰对峙，壁立万仞，远远望去，如同一道天然的大门，其重要的军事政治意义一目了然。20世纪六七十年代，两山之间修建了云州水库，已无当年的雄奇险峻，但是两山之间的万丈关口雄风犹在。

历史上的张家口地处边塞，征战不断。龙门崖为险要关隘，出入塞必经要道，为历代兵家必争之地。在漫长的岁月中，积淀了厚重的历史和珍贵的文化遗产。其中，这里留下了大量摩崖石刻，约有二十余处，大部分有题款，纪年明确，少数字

图2　明 许用中题"龙门崖"

迹风化不清不可考。最早的一处，据考证为辽代摩崖造像，也是龙门崖中唯一一幅人物造像作品。其余多数为明清时期戍边将领、文人名士的题刻。这些石刻中有年代可考见表2。

表2　龙门崖摩崖石刻作者、时间、官职及内容等

序号	作者	时间	官职	内容	备注
1		辽代		摩崖造像	"观音大士像"刻石
2	杨洪	明正统四年（公元1439年）	右参将都督	正统己未旬仲秋上朔吉日 钦差镇守宣府等处游击将军 右参将都督杨洪重新修葺	题名刻石（图3）
3	姚远	明正德七年（公元1512年）	钦差分守独石马营等处印授监太监	正德壬申旬孟秋上朔吉日 钦差分守独石马营等处印授监太监 姚远 钦差分守独石马营等处左参将都指挥佥事詹冕重建	题名刻石（图4）
	詹冕		钦差分守独石马营等处左参将都指挥佥事		
4	朱天俸	明嘉靖三十七年（公元1558年）	山西按察副使	龙门崖联句 龙门关外龙门口（一槐） 关外重关关外关 雪自穷荒开日积（平湫） 云从太古去时还 悬崖磅礴乾坤表（一槐） 峭壁崚嶒天地间 形胜千年归锁钥（平湫） 匈奴莫敢过阴山（一槐） 大明嘉靖戊午季夏望日山西按察副使一槐朱天俸，布政参议平湫许用中时同参将西楼刘汉游击北冈 杨璋刻石	《龙门崖联句》刻石
	许用中		布政参议		
5	许用中	明嘉靖三十七年（公元1558年）	布政参议	"龙门崖" 上款"嘉靖戊午季夏望日"， 下款"平湫许用中種華题"。	题字刻石
6	伍云泰	?丁卯八月	独石口理事同知	"壁立千云" 上款："独石口理事同知伍云泰题" 下款："丁卯八月"	题字刻石
7	袁世械	嘉靖四十四年（公元1565年）	都指挥佥事	嘉靖乙丑岁仲秋月上旬吉日立」钦差分守独石马营等处左参将」系陕西都司榆林卫」都指挥佥事袁世械重建	重建刻石（图5）

续表

序号	作者	时间	官职	内容	备注
8	陆涌	嘉靖四十四年（公元1565年）	钦依守备云州地方开平卫指挥佥事	嘉靖乙丑岁季秋月上旬吉日立 钦依守备云州地方开平卫指挥佥事陆涌重修	重修刻石
9	三辈	明万历十年（公元1582年）		钦差协守宣府等处地方副总兵都指挥使麻禄 嘉靖四十三年任』钦差镇朔将军镇守宣府等处地方总兵官右军都督府都督同知麻锦万历八年任』钦差协守宣府等处地方副总兵都指挥佥事麻贵 万历元年任』钦差分守宣府北路独石马营等处地方副总兵都指挥佥事麻承勋 万历九年任』万历拾年秋柒月吉日本镇继任三辈刻石	题名刻石
10	孙愈贤	明万历十四年（公元1586年）	巡按直隶监察御史	"朔方屏障" 上款："万历十四年四月岁在丙戌夏四月之吉" 下款："巡按直隶监察御史滇榆孙愈贤题"	题字刻石
11	屈受善	明万历三十七年（公元1609年）		"三路咽喉" 上款："万历己酉吉旦" 下款："关中屈受善书"	题字刻石
12	杨国柱	明崇祯十一年（公元1638年）	宣府总兵左都督	"舍身大士" 上款："崇祯戊寅孟夏之吉" 下款："总□都督□□杨国柱题"	题字刻石
13	杨国柱等	明崇祯十一年（公元1638年）	宣府总兵左都督	钦差巡抚宣府副都察院右副都御史刘永□』钦差□□昌宁□□御马监太监魏邦典』钦差分守昌宁中府御马监太监庐志德』钦差整饬赤城分巡口北道右参政李仙凤』钦差镇朔将军镇守宣府总兵官左都督杨国柱	题名刻石
14	马腾龙	清康熙二十五年（公元1686年）	明威将军署云州城守事	康熙二十五年岁次丙寅孟秋望后吉日 山怒拔天外，双崖壮此门。朔方屏幛险，锁钥重重垣。 明威将军署云州城守事大陵马腾龙题	题诗
15	玉保	乾隆十二年八月（公元1747年）	理藩院侍郎	（满文略） 理藩院侍郎典正黄旗满洲『副都统加三级玉保『乾隆十二年八月吉旦重修	重修刻石

图3　明　杨洪题名刻石　　　　　　图4　明　姚远、詹冕题名刻石

龙门崖摩崖石刻背光形制有匾额形、碑形、临崖题字形等，规格不一，题字风格各异，字体大小不一。其中最为宏伟雄浑的当属明万历十四年（1586年）巡按直隶监察御史孙愈贤题写的"朔方屏障"，竖式排列一行四个大字，为阴刻双钩楷书，单字高约3米余，字大如屋，气势恢宏，十分壮观，对舍身崖的险要地形作了十分形象的写照。

赤城县历史悠久，文化积淀深厚，除龙门崖摩崖石刻比较集中外，其他地方还有一些零散的摩崖石刻分布，比如赤城县独石城南500米独石西侧岩壁上的"突兀""孤秀""一石飞来"等摩崖题刻；云州乡灵真观遗址北崖壁上的明代正统年间（1436年）的"金阁仙山"与《重建灵真实录》摩崖刻石；赤城温泉度假村滚池旁东崖壁上的"万物静观"摩崖题刻；龙关镇方家沟村西白塔沟的明嘉靖摩崖题记。还有云州乡观门口村西灵真观遗址上的灵真观游仙峪摩崖刻石；赤城镇周里沟村南山崖壁上的爱国将领吉鸿昌1933年题写的"洗耻""妙浴"摩崖题刻等，但是这些严格来讲都不属于关隘摩崖石刻。

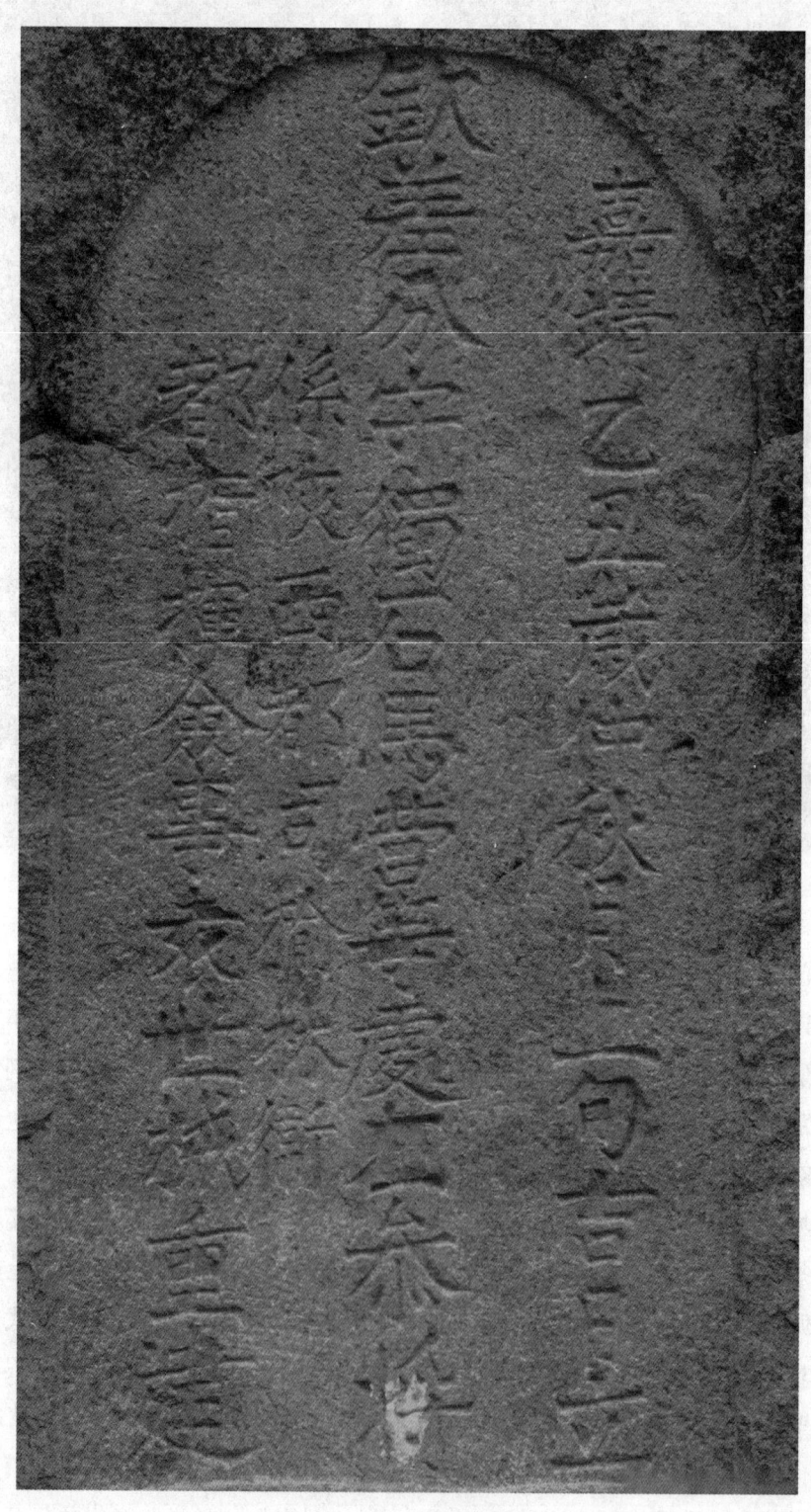

图5 明 袁世械重建刻石

3. 抚宁天马山摩崖石刻

天马山摩崖石刻（表3）位于抚宁县城北10千米，洋河水库东岸。

天马山海拔295米，主峰如巨石堆砌，山体石壁上遗有摩崖石刻六幅，大小不一，均为明代戍守长城将领题写。题刻有"天马山""山河一览""带砺山河""天马行空""海天在目"（图6）等大字，字体工整，笔迹秀劲。1982年7月，河北省人民政府公布天马山石刻为河北省重点文物保护单位。

图6 明 许用中题"海天在目"

表3 天马山摩崖石刻作者、时间、官职及内容等

序号	作者	时间	官职	内容	备注
1	戚继光（1528—1588）	万历四年至八年（1576—1580）	蓟镇总兵	"天马山"落款："定远戚继光题范阳张爵刻"	张爵万历四年至八年任台头路参将
2	黄孝敢	万历十一年（公元1583年）十一月上浣	蓟镇副总兵	"山河一览"，上款："万历十一年十一月上浣之吉"下款："分守副总兵睢阳黄孝敢书"	
3	张臣	万历十四年（公元1586年）十月	蓟镇总兵	"海天在目"上款："万历十四年冬十月"下款："关中张臣书，上谷解一清刻"。	解一清时任台头路参将
4	傅光宅（1547—1604）	万历十四年（公元1586年）冬十月	巡关御史	"天马行空"上款："万历十四年冬十月"，下款："聊城傅光宅书"。	

续表

序号	作者	时间	官职	内容	备注
5	解一清作诗 傅光宅书 （1547—1604）	万历十四年 （公元1586年） 十月廿三日	解一清时任 台头路参将 傅光宅为巡 关御史	"登天马山　解将一清 倚剑登天马，泠然御远风。 乾坤双眼外，今古一杯中。 怪石悬犹堕，晴涛望若空。 胡尘清万里，白日海云红。 万历十四年十月廿三日聊城傅 光宅书"	
6	孙仁	万历辛卯 （公元1591年）	游击将军	"带砺山河" 落款为："万历辛卯岁游击将 军云中孙仁提兵入关共（与） 副总兵官山西林桐闲暇共登临 天马山眺揽胜景慢（漫）评古 今题此"	林桐时任副 总兵官

　　天马山摩崖石刻中最有名的为明代抗倭名将戚继光题写的"天马山"三个大字（图7），为阴刻楷书，无题写年款。根据张爵万历四年至八年任台头路参将的时间，可以推测戚继光题写时间应在1576至1580年间。隆庆三年（1569年），戚继光任蓟镇总兵官后，时常到台头路巡视边防，游览附近的天马山。据说，其曾在玄真观东耳房养病，《练兵纪实》一书在此撰写而成。

图7　明　戚继光题"天马山"　　　　图8　明　孙仁题"带砺山河"

图9　明　黄孝敢题"山河一览"　　图10　明　傅光宅题"天马行空"

　　天马山几处石刻相距并不远。山顶南侧是横书的"海天在目"四个大字。玄真观后东侧石壁是黄孝敢题写的"山河一览"（图9），阴刻楷书。西侧是傅光宅竖写的"天马行空"四个大字（图10）。此处在一石壁上刻出圆首碑形，长方基座，外围用阴刻卷云纹边框装饰，中间再竖式题写。其西侧石壁刻有解一清诗，傅光宅题写的《登天马山》诗一首。主峰马头西侧石壁上是竖式镌刻的"带砺山河"四个大字（图8）。"带砺山河"出自西汉司马迁《史记·高祖功臣侯者年表》："封爵之誓曰：'使河如带，泰山若砺，国以永宁，爰及苗裔。'"意思比喻为时间久远，任何动荡也决不变心。

　　（注：此章节图6—图10引自李占义著《抚宁长城》一书）

　　4. 山海关明代摩崖石刻

　　在山海关城东8.5千米处的长寿山景区内，发现有三处摩崖石刻。一处为转山子悬崖峭壁上的"壁立千寻"；一处是石门天险的"百二山河"；一处是"层峦叠嶂"。这三处摩崖石刻均为明代崇祯十三年（1640年）地方官员范志完用隶书题写。由"层峦叠嶂"沿河岸继续西行六百余米，还有一处"范墨流香"摩崖石刻，据说为明崇祯十四年（1641年）北山左营副总兵王进科命人雕刻留下的。

　　5. 抚宁郭延中摩崖石刻

　　郭延中摩崖石刻（图11）位于抚宁县坑儿峪附近的石壁上，为阴刻楷书，竖式四行五十二个字。由于年代久远，有些字迹风化不清。石刻录文：

古隘书风——河北龙门峡摩崖石刻研究

石匠谢淮

嘉靖二十四年五月一日管夜不收官□赵世涛

哨至境外地名烂泥凹离堡三十里

坑儿峪堡该班夜不收郭延中等六名

6. 迁安许论题"冷口御敌"摩崖石刻

"冷口御敌"摩崖石刻（图12）位于迁安县建昌营镇冷口村东沙河岸上。题记全文如下：

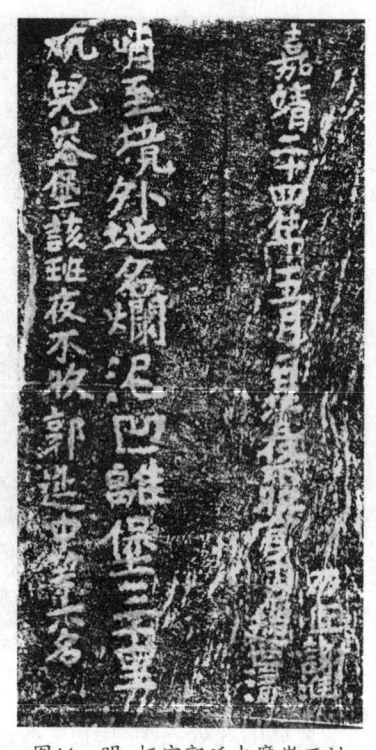

明嘉靖庚申三月

虏自云中来窥滦

东率六镇兵御诸

冷口关念八日虏

遁翌日班师总督

三镇军务太子

太保兵部尚书兼

督察院左副都御史

灵宝许论题

图11 明 抚宁郭延中摩崖石刻

上文记述的是嘉靖三十九年（1560年）的一次战争大捷的记载。把长城防御战内容刻在石壁上，在长城沿线还是很少见的。此摩崖石刻对研究长城军事战争、历史文化及崖刻艺术都有一定价值意义。

图12 明 迁安许论题"冷口御敌"摩崖石刻

在科技不发达的古代，石头是最早记录人类思想和情感的载体，碑刻与摩崖是古人重要的记事方式之一，历代石刻中保留下来的史料非常可观。明代永历帝迁都北京，为了防御北方的少数民族入侵，加强京都周边的防御，大量修筑长城、关堡。在修筑和守卫长城的过程中，长城沿线遗留下了大量碑刻与摩崖，这些石壁上的文字有着难得的史料性和艺术性，准确真实地记录了当时修筑长城的始末和戍边将士的真情实感。这其中，以城工碑、阅视碑、鼎建碑以及一些相关记事碑等居多，而摩崖石刻相对要少。河北省长城沿线、相关隘口的摩崖石刻以涞水的龙门峡摩崖石刻最为集中，数量也最多。其次是赤城县的龙门崖摩崖石刻也有十几处，抚宁县天马山摩崖石刻有六处，这三处的摩崖石刻占去了河北省古关隘摩崖石刻的绝大部分。其他地方的摩崖石刻，如迁西县城子岭都门周文炳题写的"天限华夷"摩崖石刻（图13）；遵化市梁家湾附近的"香山纪寿"摩崖石刻（图14）；兴隆县"雾灵山清凉界"摩崖石刻；青龙县花场峪正德十二年墨书题记等都是零星分布。

上篇 河北古关隘龙门峡摩崖石刻

图13 明 都门周文炳题"天险华夷"

图14 明 "香山纪寿"刻石

（注：图11—图14引自河北省文物局长城资源调查队编《河北省明代长城碑刻辑录》一书）

23

三、涞水龙门峡摩崖石刻

大龙门口为明清时期重要的一个关口，隶属紫荆关，是京都通往塞外的交通要道。据《四镇三关志》记载，永乐八年（1410年）建大龙门堡城一座；嘉靖三十二年（1553年）设把总一员，领地方官一员，额兵595名。另《西关志》记载，大龙门口设有大龙门教场，在东门外有演武厅，二层房六间，东面厢房四间。大龙门南北察院二座，守口官公廨一座，领班备御官公廨一所，大龙门社学一所。陆樊仓场一所，在城内西南隅，朝北平地。

兴盛时期的大龙门下辖大龙门口、段口、马头崖口、庄窠涧口、上三口、歌乐湖口、南将军石口、北将军石口、火烧崖口、深安儿口、松陀安口、蔡树庵口、豺狼峪口、老苍沟口等13个隘口。现在的蔡树庵长城一带都归属大龙门口管辖，可见其战略位置的重要性，管辖范围之广。

（一）辉煌的大龙门口

1. 大龙门城堡

"堡"字为多音字，有多种释义，读bǎo时解释为用土石筑成的小城，还有一种解释为防守用的建筑物，大龙门城堡即为此意。

大龙门城堡是大龙门口的指挥所，长城上的一个重要隘口，曾属真保镇马水口路管辖。据《四镇三关志》记载："大龙门下隘口十三，大龙门堡城一座，正城一道，冲。永乐八年建。"城堡位于河北省涞水县大龙门村，原是明内长城重要的城堡之一，是京都通往塞外的通道和兵家必争之地。在明、清各朝均被视为军事要隘，村北阳明山《二圣碑记》记载嘉靖年间已有"钦依大龙门等口把总"戍守。城址大体呈长方形，东西长约650米，南北宽约500米，周长约4华里。城堡两边的城墙多以条石、青砖、石块垒砌，高约5至8米，宽4米，上筑敌楼战台和垛口。城堡西南依峭壁，以上天沟山为嶂，未筑墙；东南、东北、北有拒马河的支流小西河急流环绕。城堡建有东、西二门，东城门（图15）为正门，保存较好，现高约7米，宽13.8米，外门洞高约4米，宽3.15米。内门洞高约4.7米，宽3.8米。城堡下半部条石墙基基本完好，上半部大青砖垒砌，砖跺已有不同程度的损坏，最上部分敌楼从赫

图15　大龙门城堡东城门

达·莫里逊1936年拍摄的照片（见附录三图大龙门东门远景）来看早已无存。据村里夏国友老人讲，原东城门上遗存32个柱脚石，西城门上有18个柱脚石，可见当初建筑之规模。城墙在不重视文物的年代，被拆去修桥、修房屋，损毁较为严重，靠近城堡的地方还有一些尚存，远处只能依稀找到一些墙基遗存。走进城门，城内房屋大多已是新建的，尤其2016年进行环境改造，绝大部分有点年份的房屋作为危房都已经拆除重建，很难找到明清遗留的痕迹。只是一些房屋还保留着原先四合院的建制。村内现有100余户人家，400人左右。

城堡东城门门额镶嵌有青石匾额，匾额镌有阴刻双勾"屏翰都寿"四个大字（图16）。

上款写："万历十年十月吉旦"

下款书："巡抚保定副都御史内江阴武卿

巡按直隶御史归安顾尔行（万历进士，大名府推官）

总理紫荆按察使三河曹子登

镇守保定总兵都督太原白福

分守马水参将金台刘允庆

直隶保定府管关通判高凌杨守介立"

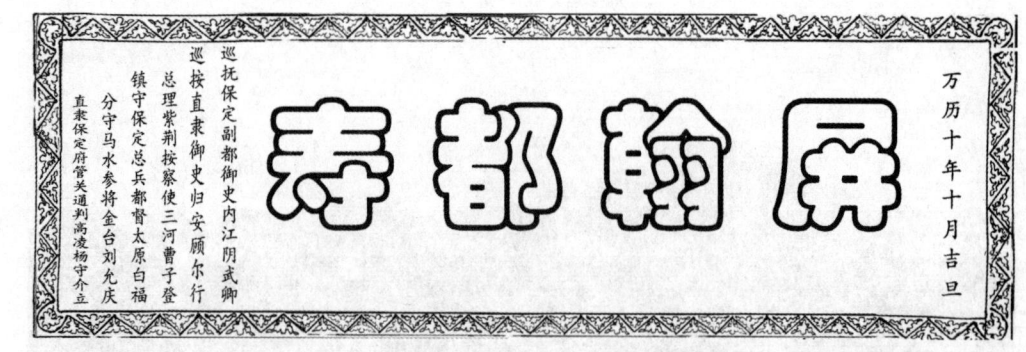

古隘书风——河北龙门峡摩崖石刻研究

图16　大龙门城堡东城门屏翰都寿示意图

"屏翰"一词大致有三层含义。早在《诗·大雅·板》里就出现过："价人维藩，大师维垣。大邦维屏，大宗维翰。"后以"屏翰"用来比喻国家重臣。比如，唐韩愈《楚国夫人墓志铭》："公居河东，子在鄘时，为王屏翰，有壤千里。"《新唐书·赵德諲传》："吾为国屏翰，渠敢有他志！"《辽史·天祚皇帝纪三》："平州带甲万餘，毅有文武材，可用为屏翰。"清李渔《玉搔头·止兵》："好箇有担当的男子，不枉做皇家的屏翰。""屏翰"还有边镇防卫之意，如《明史·张翀传》："国家所恃为屏翰者，边镇也。另"屏翰"还有保卫之意。《续资治通鉴·宋徽宗崇宁四年》："四辅屏翰京师，兵力不可偏重。"《明史·靖江王守谦传》："以洪都重镇，屏翰西南。"但"都寿"就不太好解了，不像西门曾经的匾额"镇宣威武"好解。"都"，一个国家最高行政机关所在的地方，还有美好、总、居、古代首领等意思。"寿"，《说文》的意思：久也。有年岁、生命，活得长久之意。"屏翰都寿"姑且理解为拱卫京都平安长久的意思吧。

匾额为青色大理石岩质，高0.67米，宽2.3米，四周有阴刻卷草纹边框图案。刻石表面已有不同程度风化，"屏"字在小雨潮湿下隐约可见，"翰"与"都"字尚能看清，"寿"字已经模糊不可辨，只剩左下角可见。上款"明万历"已经模糊不可辨认，下款两"巡"字较清晰，前四行文字若隐若现，后两行80%可以看清楚。西城门原有"镇宣威武"四字匾额，现已无存。生产队时当过羊圈，门洞得以幸存，上半部分损毁严重，目前的现状为近几年修复。

西城门内南面原为衙门操场，旁边依山而建为龙王庙，内原有青、白、黄、红、黑五龙，在不信鬼神的年代拆除。城内原先还有大龙门把守衙门一座、武器库、钟楼、头鼓楼、二鼓楼、老爷庙、娘娘庙、城隍庙、菩萨庙、火神庙、药王庙、五道庙等建筑，原古迹现都已无存。据夏国友老人讲，进东门约30米处（现村大队部所在地）原有巡抚衙门遗址。1956年，大龙门城堡连同长城定为河北省重点文物保护单位，2014年公布为全国重点文物保护单位（图17）。

图17　2014年公布明长城——大龙门城堡为全国文物保护单位

现村内大队部存有明隆庆二年（1568）年重修城堡时所立汉白玉碑一块（图18），刻有大字草书：

　　大龙门阻水
　　石壁巃嵸万壑幽
　　鲸波愁见接天流
　　敦勤三老空相问
　　圭壁谁从巫史谋
　　隆庆二年端□

城东门外原设有演武厅和教场，解放时部分牺牲的战士曾经埋葬在此处，称为烈士坟，2015年后迁至刘家河烈士陵园，现已改为停车场。

图18　明　大龙门阻水残碑

2. 蔡树庵长城

长城，是古代人民集体智慧的结晶，在我们民族的心中，是一道不倒的墙。蔡树庵长城是我国万里长城的一部分，明代内长城的重要组成部分，属大龙门城堡之外边墙，位于河北省涞水县九龙镇蔡树庵村西，长约2000米，距离大龙门城堡2.2千米。

古隘书风——河北龙门峡摩崖石刻研究

蔡树庵长城（图19，20，21）为砖石结构，边墙全部为石砌，上部敌楼以砖结构为主，共有敌楼六座，其中一座已经塌陷，只剩下条石基座。城墙修有凸出墙外侧马面，如有来犯之敌人，可以进行侧面攻击。部分城墙倒塌严重，城砖散落在周边。蔡树庵长城造型美观，精彩之处在于保存较为完好的五座空心敌楼，除第

图19　明　蔡树庵长城

五号楼为砖砌的卷门，其他四座都有精美的石雕花门卷和窗卷，考究的装饰纹样，可惜有的已经被人为拆去。所有的敌楼门牌均已丢失，不过这也掩饰不住当年工程的精细与坚固。除此之外，此处的敌楼顶部还留存有其他地方罕见的旗杆石。

图20　明　蔡树庵长城

2014年与大龙门城堡一同被列为全国文物保护单位（图22）。政府立碑保护，碑后有蔡树庵长城简介记述为：

蔡树庵段长城，位于涞水县九龙镇蔡树庵村西1.5公里，东接柏林城，南接大龙门，建于明代。

图21　明　蔡树庵长城

城墙依山而筑高低不一，皆用

不规则的石块垒砌，顶面宽4米靠外侧置1.6米高的垛口，内侧垒1.1米高女儿墙。敌楼一般高达12-13米，长宽各为11米-12米，多数为一楼二门辟12个箭窗，3层。另有战台、烽火台，是一段较完整的防御体系。

蔡树庵长城比较偏僻，没有专门的路，只能走山脊，沿着放羊人走的小路才可以寻到。但这也没有摆脱与多数野长城同样的命运——在文物法不普及的年代，城砖被当地农民一块块地拆回家，垒猪羊圈、盖房、圈围墙，这也是大多数野长城的命运。不过，随着文物普及工作的开展，人们法律意识的增强，这种事情已不再发生了。

图22　2014年公布蔡树庵长城为全国文物保护单位

据《四镇三关志》（1574—1576成书）记载，大龙门下隘口13个，其中就包括"蔡树安口"。蔡树庵在大龙门的管辖之下，蔡树庵长城与大龙门城堡相连，形成了一个完整的防御体系。2016年，涞水文保所在清理城砖普查时，在长城墙脚下发现了残碑一角（图23），有"定边务　都御"字样。查证相关文献资料，明代贾三近曾两次来大龙门口视察。他在万历十二年（1584年）拜为都察院右佥都御史，他题写的"万仞天关"为明万历乙酉（1585年）秋九月，也就是第二年来大龙门视察。蔡树庵长城发现的带有"都御"字样残碑，应为阅视碑。"都御"应为官名"都御史"，因此推断贾三近应来过蔡树庵长城视察，也说明蔡树庵长城在防御上的重要性。

图23　明　贾三近　阅视残碑

（涞水文保所供图）

3. 龙门峡摩崖石刻

出了大龙门城堡的西城门，顺着一条小山路蜿蜒而下，约几百米便是龙门峡。两壁峭壁如削，高峰耸立，狭路道险，是一处"一夫当关，万夫莫开"的军事要塞，通往紫荆关的必经之路，大龙门口的交通要冲。龙门峡左侧遗存大量明清驻军的摩崖石刻，右侧是小西河。小西河上方是20世纪六七十年代所建的一条公路，公路上方的石壁上也有几处摩崖石刻遗存。走进龙门峡不远便是二道城，建有南、北楼（见附录三图龙门峡谷·北楼）各一处（南楼尚有遗址遗存，北楼在修建公路时拆除），峡内建有绊马索，走到最里面是为最有名的贾三近所题"万仞天关"，旁边还有"龙门峡""翠壁奇峰""千峰供立"等，此处为三道城（图24）。城北隔

图24 从大炮山俯瞰三道城（老虎嘴）（王学雷供图）

河相望，在明阳山上建有炮台，至今遗址可见。

在古代，关隘是战争的产物，在军事斗争中充分利用地形的表体现。关隘是随着战争的发展而发展的，明清时期，紫荆关一带已不再是边陲之地，已经变成了内关，大龙门口是内关的内关，在没有战争直接威胁的情况下，关隘的功能也有所转变，不再是唯一的军事功能，它可以促进交流，发展经济，可以产生独特的边塞文化。此处的驻军将士在没有战争的情况下在石壁上题写了大量诗句，以一种特殊的文体与形式，记载着大龙门发展演变的漫长历史，记载着明清戍边将士的功德伟绩，这些摩崖石刻是大龙门历史的见证，是珍贵的文化遗产。除此之外，还有《西关志》的作者王士翘所做的：

登大龙门

历尽重山又上山，休夸百二独秦关。

龙门仅许蛟鳞跃，鹿角争看虎豹环。

徒倚清宵瞻斗极，周回空谷远尘寰。

萧条钟鼓城闉裡，转饷须知戍卒艰。

万历五年（1577年），徐渭受吴兑的邀请北上，赴宣化府充任文书，曾经到过大龙门一带，被塞北雄奇壮阔的山河景象折服，并留下了描写大龙门的诗文，以此来抒发他内心对此的欣悦与叹赏：

边词

四壁龙门铁削围，枉教邓艾裹毡衣。

莫言虏马愁难度，即使胡鹰软不飞。

总之，此地的城堡关隘与众不同之处在于，它不仅仅是古代的军事要隘，还遗留下来大量明、清守军将领的摩崖石刻，文人墨客的诗句，为我们研究明清书法、军队建制，城防布置提供了宝贵的资料，这在其他古关隘是不多见的。

（二）龙门峡摩崖石刻的成因

大龙门口虽然为一个内关口，但它的重要性并不亚于外关口，它能否固若金汤直接关系到北京的安危。据《二圣碑记》记载，这里在明代嘉靖三十六年间（1557年）就已经有把总李著戍守。

在明正统十四年（1449年）发生"土木堡之变"后，统治者在失利的教训中吸取经验，加强了"内边"的防御，特别是重点加强了关隘的联防，增派重兵把守。据《四镇三关志》记载：大龙门口营嘉靖三十二（1554年）年设把总一员，领地方官一员，额兵595名。其中，居庸关、紫荆关和倒马关因其逼近京师，成为最重要的"内三关"。龙门峡作为大龙门通往紫荆关的交通要道，自然也在加强的范围之内。

紫荆关的隘口较多，拒马河东西贯穿，河谷地带成为天然的交通通道，因此历史上，蒙古骑兵也多次通过紫荆关南下，给大龙门城堡的防卫造成一定的困难。龙门峡作为河道上的必经之路，自然在防御上占有重要的位置。因此，大龙门的把总都为皇帝钦点，守关将领多为武举人或武状元。

1. 源于边塞文化

"边塞"泛指边疆，在古代特指边疆地区的要塞，如嘉峪关、玉门关、山海关等具体要塞地名。在古代交通极不便利的条件下，守疆将士的条件也相对清苦，他们长期驻扎在边关，对戍守边疆的生活深有体会，在战事不紧时会写诗、挥毫来抒发内心的情感，久而久之就形成了边塞文化。像我国古代著名的边塞诗人高适、岑参、王昌龄、王之涣等都留下了大量的边塞诗，像王昌龄的《出塞》："秦时明月汉时关，万里长征人未还。但使龙城飞将在，不教胡马度阴山。"；王之涣的《凉州词二首》："黄河远上白云间，一片孤城万仞山。羌笛何须怨杨柳，春风不度玉

上篇 河北古关隘龙门峡摩崖石刻

31

门关。"等都已成为古代诗歌的经典之作。这几位著名的边塞诗人代表都出现在唐朝，这是因为隋唐以来，边境战事频繁，表现边塞生活的诗歌逐渐增多。到盛唐时期，边塞生活已经成为诗人们共同关注的主题，大大地促进了边塞诗歌的繁荣。

历史上的大龙门口也曾经来过像明末文学家、画家徐渭，《西关志》的作者王士翘等，他们都在此留下了边塞诗篇。比如徐渭来到大龙门写下的《边词》："四壁龙门铁削围，枉教邓艾裹毡衣。莫言庞马愁难度，即使胡鹰软不飞。"描写了龙门峡谷的自然险峻的山势。诗人感叹如此高险的群山，即使三国名将邓艾将军也束手无策，更不要说庞马难以度过，就连胡鹰都难以飞越。

龙门峡摩崖石刻多为戍守武将题刻，内容多为题榜、短句、绝句，也有七言诗的出现，虽不比真正的诗人，但这都是边塞文化的影响与传承。总之，龙门峡摩崖石刻作为古关隘特有的文化现象是不多见的，并不具有普遍性。

2. 明代"文士论兵"与"武臣好文"

明初，兵事专任武臣。正统年间（1436—1449年），统治者为了削弱武将的兵权，加大对武臣的制约，开始实行文臣监军制度，武臣领兵，文臣做统帅任总督、巡抚等职。后世逐渐完善，文臣地位得以提高。文臣参与多了，自然也就通晓一定兵法。因此，明朝末期，涌现出像熊庭弼、孙承宗、袁崇焕等优秀的监军文臣。书生何尝只读圣贤书？他们颠覆了人们心目中读书人柔弱的形象，告诉世人，他们文能治国，武能扛鼎。明代文臣参与军事的例子不胜枚举。杨荣好诗文，又以武略见长，一再以大臣身份参与军事。明代著名的思想家、文学家、哲学家王守仁又是军事家，用兵晓谋略。明末著名文人画家徐渭则"好奇计"，胡宗宪"擒徐海、诱王直"都是出自徐渭的谋略。明朝后期，一些文人还参与兵学、兵事有关的纂辑工作，如唐顺之的《武编》，金堡辑的《韬略奇书》，陈子龙辑《骊珠五经大全》，以及茅元仪历史多年辑成的《武备志》等对后世影响较为深远，文人谈兵从不乏卓见。

与"文士论兵"相比，武臣同样有"好文"现象。明末的陈王廷文武兼修，精于拳械，创编了太极拳，文学功底亦十分扎实。仅从流传下来的"拳经总歌""长短句"两篇文章就不难看出陈王廷的文学天赋。抗倭名将戚继光，不但战功卓绝，还给后世留下了《纪校新书》与《练兵实纪》两部前所未有的兵书，并且还有诸如《止止堂集》和《戚少保奏议》等诗文集刊世。另外，在明代还出现了大量武臣参与碑刻的题额或墓志的题盖，是一个较为普遍的现象。究其原因，一是明朝历代帝王大多喜爱书法，科举选拔官吏也要求书法。在这种大环境下，明代武臣确实擅长书法者不在少数。二是武臣在"缕之金石，传之久远"的思想影响下，有附庸风雅的情怀。

总之，晚明的这种"文士论兵""武臣好文"社会文化现象的出现有其自身的历史原因。在特殊的社会历史文化背景下，他们自然会相互影响，相互促进形成了一种特有的文化现象。

3. 守备为本的政策

大明王朝建立之初，常年的战争使得士兵疲于征战，民生凋敝，百姓不堪重负，国家应尽快恢复生产，以休养生息为重。因此，朱元璋边防思想中最基本的内容为"守备为本"——大力修筑长城、关隘、城堡等边防设施，派兵守卫要害，防御为主。

为了保卫京都的安全，明王朝在北部沿边屯驻了数量庞大的军队，防御北方少数民族的残余力量。边防是一项长期行为，后勤保障极其重要。为了保障粮饷供给。朱元璋提出："屯田以守要害，此驭夷狄之长策。"士兵无战事时耕田，有战事时则参与战争御敌。大龙门口距离京师较近，属于内关，平时很少有战事，尤其在隆庆、万历年间与塞外游牧民族的关系得以改善，实现了几十年无战事的和平相处的新局面。所以那时驻守的将士就有了闲暇时间，除了正常的操练，就是耕田种地，有余力重建庙宇，甚至有了舞文弄墨、刻石题字的机会。明代金石学初兴，一些文人或官员喜欢在山体上题字，在"楼之金石，传之久远"的思想影响下，也就不难理解守关将士有闲情、有逸致能够在龙门峡题写数量众多的摩崖石刻。驻军将士们把默默的岁月、不屈的边关军魂深深嵌入摩崖石刻文字之中。

4. 皇族对书法的重视

在中国文化中，书法是一种实用性与艺术性兼具的汉字书写艺术。明朝的皇族比较重视书法。明朝开国皇帝朱元璋、明成祖朱棣等都痴迷酷爱书法，子孙后代们受其影响效法先人也在情理之中。皇室有习书之风气，也会大大推动社会习书的风气。皇帝习书可以借此修心养性，也可以把书法从书法技艺中抽离出来，当成体现文治的一种象征，达到某种政治目的。另外，明代在官员的选拔过程中加强了对书法的要求，善书者成为选拔官吏的重要标准之一，这也是推动书学之风的一个重要因素。

（三）龙门峡摩崖石刻的地域书风

1. 龙门峡摩崖石刻地域书风的形成

龙门峡摩崖石刻书体主要以楷书与行书为主。题写者多为驻地官兵，或来此巡察的官员。居庸关、倒马关、紫荆关靠近京都，属于内三关，而大龙门口属于紫荆关管辖，属于内三关的内关口，平时无战事，官兵也得以利用闲暇时间耕种，写诗作赋抒发性情。

（1）明末"武臣好文""文士论兵"现象影响

明代官学对习字较重视，武学中亦有习字的要求。晚明是一个文化多元的时代，有"武臣好文""文士论兵"的现象。戚继光就是一个"武臣好文"的典型代表。作为明代抗倭名将，戚继光在战事之余，喜题诗作赋，研究兵法，与文人交往；著作有诗集《止止堂集》；兵书著作有《纪效新书》与《练兵实纪》，被兵家奉为经典；书法遗存有抚宁天马山摩崖石刻。从他的诗集记述中我们可以清楚地看出他主要的交往对象——与文官士大夫、文士之间有诸多文化联系。

明末，朱国桢对名将好文现象有所评价，他认为：

名将必好文，名臣必备武。好文，故所附丽而益彰；备武，故有所挥霍而益远。名臣不必言矣，名将则近时戚将军，得交汪南明、王元美弟兄；沈紫江希仪，交唐荆川，故其战功始著。

在这样的一种文化大背景之下，大龙门的官兵也不例外，给我们留下了大量的诗词与摩崖古刻。

晚明时期还有一群科举不成或没有参加科举，却以诗文书画干谒权贵，游走四方的知识流民，逐渐形成了一个群体——山人。这群人为了谋生当幕僚，为文士、文人参与军事提供了更大的可能。明代文学家、书画家、戏曲家、军事家徐渭就在胡宗宪幕中充当幕僚。徐渭不同于一般的书生，自幼习武练剑，精通军事。他先后为胡宗宪代笔写成多篇表奏类文章，还参加了"擒徐海，诱王直"的抗倭斗争；晚年又受时任宣化巡抚的吴兑的邀请，前往北部边防重镇河北宣化府担当幕僚。据记载，徐渭还来过大龙门一带。并有诗句留存："四壁龙门铁削围，枉教邓艾裹毡衣。言房马愁难度，即使胡鹰软不飞。"

《西关志》记载"大龙门社学一所"，说明当时对文化的重视。

明中叶以后，也有规模可观的士人从事与兵学、兵事有关的纂辑，如唐顺之曾纂辑《武编》，陈子龙辑《骊珠五经大全》，金堡辑《韬略奇书》等。

"武臣好文""文士论兵"，这些现象共同构成了一种文武交融的文化取向。

（2）科举制度的影响

大龙门的把总基本都是皇帝钦点的武举人出身，这些武将大多具备一定的文化素养。大明朝建立之初，朱元璋一直重文轻武，在其后的明朝武举制度中也有所体现。天顺八年（1464年）大明王朝颁布了第一部和武举有关的法律——《武举法》。考试的基本内容是在帅府考策略，教场考弓马，原则是"先之以谋略，次之以武艺"。后来虽然经过几次改革，武举考试发展为乡试与会试两级考试，后来又增加了殿试。但无论怎样发展完善，都考"策论"。这在一定程度上对参加武举考试者增加了文化素养的要求，也就等于硬性要求参试者必须具备一定的书法功底。

2. 龙门峡摩崖石刻的类别

在明清时期大龙门口为军事要塞，龙门峡谷为交通要道，曾派有重兵把守。特殊年代，特殊的作者在峡谷两侧峭壁上题写有大量摩崖石刻，这些石刻题字为当时驻守关隘的将领以及来此巡防的官员书写。漫长的艰苦边防守关岁月，让守关将士有时间题写，留存至今的石刻大约有二三十处。

（1）创作题材

①诗词题咏

诗词题咏类分为两种类型。一是较短的短句类型，共有四处。"金汤万仞，王（sù）垒千寻""龙行虎踞，玉璧金汤""峰环万叠，险胜重围""峰舞天中，云来眼底"。另一类型字数较多，这样的摩崖石刻共发现三处。"两山壁立青霄尽，一水中行白练飞。"此为七言绝句，书写得气势磅礴，把龙门峡谷的独特自然风光描绘得淋漓尽致。"谁将天姥宅，劈作云嶙峋。焦尾惊千叠，桃花映一津。空光摇白练，暮霭动青旻。拟作龙门似，砎砑见爪鳞。"描绘大龙门的美好自然风光。古代和节氏漫赋的"万山深处见龙门，石壁嵯峨俯塞垣。下有清流常不竭，上无丛蔓可能援，鸾翔绝顶青霄近，豹隐重岩紫雾繁。应是宝符曾无秋，金城千里壮京原。"已经风化得模糊不清了，对龙门天关大好河山和大龙门城堡要塞进行了高度的艺术概括。

②题名

大约1000米长的峡谷，共有两处题写有"龙门峡"三字，一处为楷书横题，另一处为行楷竖题。一端庄一活泼，一横一竖，遥相呼应。这应该是龙门峡名字的直接来源，其中一处似有落款，但已经模糊不可辨认，作者也不可考。

③题榜

此类石刻均为四字楷书书写，字体硕大、端庄大气。其中最大的一处为三道城处都御史贾三近题写的"万仞天关"。其余还有"龙门天险""清泉泻涧""疆域咽喉""天成形胜""千峰拱立""翠壁奇峰""（仞）壁立万仞"等，高低不等，大小错落，分列峡谷两侧石壁。

（2）创作内容

①描写山川，抒情写意

紫荆关、居庸关、倒马关在明代时合称为"内三关"。大龙门口隶属于紫荆关管辖，比紫荆关更靠近京师，属于内关的内关，平时无战事。守关将士在清苦的守关过程中，闲暇之时吟诗作赋，挥毫描写此地的壮丽，抒发他们的家国情怀。这一类多运笔潇洒自如，刚柔相济，灵动飞扬。如："峰舞天中，云来眼底""千峰拱立""翠壁奇峰""清泉泻涧""两山壁立青霄近，一水中行白练飞"等。

②描写雄关，以壮军威

大龙门口靠近京师，战略位置及其重要。特殊的年代，特殊的作者描述了大龙门口地势险要、山关雄伟，激发守关将士的信心。此类多笔力顿挫遒劲，字迹浑厚，大气磅礴。如"壁立万仞""万仞天关""峭壁千重""疆域咽喉""峰环万叠，险胜重围""金汤万仞，王垒千寻""天成形胜""龙行虎踞，玉壁金汤"等，对龙门峡谷的大好河山和大龙门城堡的地势险要进行了高度的艺术概括。

③造像

在龙门峡谷除此之外，还有三处造像，是驻守官兵祈祷保佑关隘安全和排忧解难的处所。造像皆为线刻，简洁庄严，对峡谷风光起了点缀作用。

现在的龙门峡谷，靠近南面山体修有一条水渠。水渠之上断断续续题写有明清驻军将士的摩崖石刻。其中，在"峭壁千重"的左下方有一处佛造像，在水渠的掩映下，若隐若现，如今只能露出佛像的头部，不细心还真很难找到。20世纪六七十年此处修水渠，平整了地基，就把佛像大部分给遮挡了。最早的照片是赫达·莫里逊1936年来大龙门拍摄的（图25）。2017、2018年施工时又重新露出过一次，可惜当时没人关注，只留下一张王学雷先生拍摄的照片（图26）。如今要想看到佛像的全貌，只能借助赫达·莫里逊与王学雷的照片，此处为第一处佛造像。

图25　赫达·莫里逊1936年拍摄的水渠旁佛造像

图26　王学雷先生2017年拍摄的水渠旁佛造像

　　第二处（图27）在小溪河河谷的低洼处有一独块巨石，上面有一个小佛龛，佛龛右下有一座以线造型的水月观音造像，造像左侧有"立儿石"有三字，因此，当地人称其为立儿石。第三处造像（图28）在峡谷的对面，S241公路的上方，有一座双手交叉、盘腿坐在莲花宝座之上的佛造像。

图27　立儿石水月观音佛造像

图28　S241公路上方佛造像全景

3. 龙门峡摩崖石刻的地域书风

（1）劲挺端庄 开阔雄浑

龙门峡摩崖石刻明代居多，其中楷书占绝大多数。明代摩崖石刻多为楷书与明朝的社会环境有直接关系。

明朝开国皇帝朱元璋、明成祖朱棣都酷爱书法，这对当时社会产生了一定的引领作用，尤其是朱棣特别喜欢台阁体的代表人物沈度，称他为"我朝王羲之"。因此，人们争相仿之，故而明代初期的书法基本是比较雍容典雅的台阁体楷书占据主流。

古代铨选制度即官员选拔任用及管理制度。历史上，朝廷通过考试选拔官员，要求被选拔人员字体正规美观、易于识别、书写清晰等，实行"正字""正体"的政策。经过历朝历代的演变，真正将正书定名为楷书，应是明代的事，从此楷书成为受官方重视和推广的通用字体。在明朝科举考试时，擅长楷书是选拔的一个重要标准。武将也要参加"策论"，这也是明代武将多善楷书的一个原因。在这样的社会环境中，武将多习楷书也就不难理解了。当然明代典籍中也有"工行、草"这样的记载，此应为他们"善楷书而尤工行、草"，就是说在擅长楷书的基础上兼擅长"行、草"而已。

总之，明代武将擅长书法的不在少数，而且大多数擅长楷书，这与当时的社会大环境是分不开的。他们上马可以提刀杀敌，下马可以舞文弄墨，职业原因造成他们的书法结体朴拙、刚柔并举，以气驭之似方笔凿刻，多较有气势，端庄中见开阔雄浑。

（2）清劲秀逸 文雅秀丽

在龙门峡摩崖石刻中还有一部分为文臣所写，作者具有较高文学修养。比如"万仞天关"的作者贾三近，"龙门天险"的作者何东序等都具有较高的文化素养，有许多文学著作传世。他们的书法具有丰腴端庄、笔法淳朴自然的特点，题写内容体现着作者的文学修养。例如，贾三近的"万仞天关"字体异常硕大，气势磅礴，笔力饱满，但又文韵十足，洒脱隽秀。

"谁将天姥宅，劈作云嶙峋。焦尾惊千叠，桃花映一津。空光摇白练，暮霭动青旻。拟作龙门似，硌砑见爪鳞。""万山深处见龙门，石壁嵯峨俯塞垣。下有清流常不竭，上无丛蔓可能援，鸾翔绝顶青霄近，豹隐重岩紫雾繁。应是宝符曾无秋，金城千里壮京原。"其作者——古代和节氏，文辞皆清新秀雅，娓娓道来，描述了大龙门优美的自然风光。其书法秀丽、挥洒自如、格调高雅，文雅之气息扑面而来，与武将所题写的雄浑壮观的大字风格略有不同。

四、龙门峡摩崖石刻的社会价值和意义

（一）史料价值

古代关隘大多因战争防御需要而设立，或因战争而名扬天下，因此都有着悠久而特殊的历史文化价值。大龙门关却因龙门峡摩崖石刻而与众不同。这里集中题写的二十几处摩崖石刻在古代关隘是不多见的，在一定程度上反映了明代驻军的文化生活，这些题记内容有诗词绝句，也有题字刻石。有的是在此守关的将领题写的，有的是来此巡察的官员题写的，这对研究当时武将的书法文化水平提供了直接的依据，也从一定程度上反映了明代书风。巡视官员的题记又为史书的记载提供了直接的佐证材料。

古关隘还是古代文人墨客表现的对象。虽然大龙门关在历史上算不上著名关隘，但也不乏名人到访。如明代大文学家、画家徐渭曾到访大龙门并题写："四壁龙门铁削围，枉教邓艾裹毡衣。莫言虏马愁难度，即使胡鹰软不飞。"《西关志》的作者直隶监察御史、右副都御史王士翘所做的《登大龙门》："历尽重山又上山，休夸百二独秦关。龙门仅许蛟鳞跃，鹿角争看虎豹环。徒倚清宵瞻斗极，周回空谷远尘寰。萧条钟鼓城闉里，转饷须知戍卒艰。"还有隆庆二年（1568年）重修城堡时立汉白玉碑一块，并题刻有大字草书："石壁龙嵸万壑幽，鲸波愁见接天流。敦勤三老空相问，圭壁谁从巫史谋。"这些都具有较高的文学与史料价值。

（二）艺术价值

龙门峡摩崖石刻，从审美的角度来看，完全可以看作大的、天然的艺术作品，成为我们民族精神、审美理想的象征。

虽然大龙门关口的实用性功能已经消退，但遗留下来的龙门峡摩崖石刻的审美功能在增长。在这种审美的积淀中，一些初始目的为实用性而进行的设计逐渐演变为今天巧夺天工的艺术作品，龙门峡摩崖石刻即是这样。摩崖石刻的美还源于它的精神内涵。当初的驻守将领做摩崖题记，只是为了鼓舞军心，震慑入侵者，比如"万仞天关""峰环万叠、险胜重围"，结体朴拙、刚柔并举，似方笔凿刻，气势恢弘。这些摩崖石刻大多题写峡谷两侧的悬崖峭壁之上。诗词题咏字数较多，字体

相对较小。题名、题榜字体硕大，气势磅礴。诗词题咏多为诗句，描绘了大龙门的自然风光，具有阴柔美，比如"两山壁立青霄近，一水中分白练飞""谁将天姥宅，劈作云嶙峋。焦尾惊千叠，桃花映一津。空光摇白练，暮霭动青旻。拟作龙门似，硌砑见爪鳞。"既让我们看到古代将领的豪情壮志，又能体会到他们柔情的一面。驻守边关的将领们也许会想到要留存百年，但不会想到几百年后，他们驻守的边关会成为景区，他们的题记会成为艺术作品供游人参观游览。历史不会重演，艺术作品也不会再生。

摩崖石刻的美体现在书法艺术与自然有机的融为一体。随着历史的发展，自然环境的变迁，当初的关隘雄风已不再，关内的绊马索、敌楼、三道防线已难找寻，大龙门城堡也已成为自然村，只有将领们题记的摩崖石刻犹在，只是融入了历史的沉淀，变得更为沧桑，历史美更为凸显。

（三）雄关精神

凭借天然形成的险要地势，古代的大龙门关的大龙门城堡、阳明山炮台、蔡树庵长城组成了一个完整的防御体系。我们所研究的龙门峡摩崖石刻正是大龙门关的一个重要组成部分。我们回溯历史的长河，发现大龙门摩崖石刻大多数为古代的驻军将领在此留下的印记，这些石刻记载着守边将士们的对祖国的满腔忠诚，字里行间抒发的是将士们保家卫国的豪情壮志和对祖国山河的赞美讴歌。时光荏苒，岁月变迁，名将早已作古，雄关也早已卸去了抵御外敌的使命，但是，随历史远去的是守边将士的音容笑貌和飒爽英姿，而留给后人的是充溢在字里行间的浩然正气与家国之爱，大龙门以它的特有的雄伟外观和摩崖石刻承载的深厚精神内涵，依旧震撼着我们的心灵。"龙行虎踞，玉壁金汤""峯环万叠，险胜重围"……大龙门摩崖石刻栉风沐雨，穿越数百年，将永不陨落的保家卫国、抵御外敌的雄关精神向后人传递。不管时代如何变迁，不变的是雄关精神与家国之爱。

（四）文化旅游

近些年文化旅游日益升温，探寻文化，已经成为旅游者享受自然风光之外的一种新风尚。广大旅游爱好者不仅喜欢沉浸于自然景色之美，更有一些旅游者对文物古迹以及它所承载的传统文化有着更深的情愫。龙门峡摩崖石刻已经纳入野三坡旅游风景区范围，人文景观与自然美完美结合，这既满足了文化旅游爱好者的需要，对宣传古关隘文化也起到了重要作用。摩崖石刻作为传统文化的一部分、文物古迹的重要代表，不失为一类格调比较高雅、底蕴比较厚重的旅游资源，一定可以吸引诸多的游客前来观光。但目前景区只是简单地筑起围墙，修好大门，关隘文化挖掘不够深入；除了简单的几个文字牌之外，其他文字介绍很少；有的摩崖石刻连简单的文字牌也没有；尤其是一些摩崖石刻由于年代久远，已经风化不清，这更需要文字说明或者从前的老照片、拓片等加以说明，让游客在视觉上能更好地欣赏古代将领的书法艺术，从中领略他们保家卫国的豪情壮志，或铁血柔情的一面。如果能搜集史料，挖掘出更多的作者详细信息、时代背景资料加以说明，让游客穿越时空，就更能好好地体会关隘文化。古隘文化需要保护，更需要宣传，让生活在今天的我们知道幸福生活的来之不易。大龙门古关隘是在特殊的历史条件下形成并遗存至今的珍贵资源，龙门峡摩崖石刻更是具有较高的文化价值。

我们希望通过对大龙门摩崖石刻旅游资源的进一步研究，使曾经的雄关涅槃重生，使濒危古迹得到保护，为此处古老的摩崖石刻"立此存照"，让它们在新时代变成经济"活水"。

（五）文化传承

古关隘占据天险，多因战争和防御需要而设，有悠久的历史和丰富的文化内涵。古关隘因为是军事要塞而承载了特殊的历史文化价值。同时，古关隘又是古代文人诗歌中的重要题材和意象。边塞诗中多有对古关隘的描写，比如"劝君更进一杯酒，西出阳关无故人""羌笛何须怨杨柳，春风不度玉门关"等脍炙人口、家喻户晓的名篇名句。再者，古关隘保存下许多的题记碑刻、文物古迹，这些对于研究对应朝代的历史有着重要的参考价值。

龙门峡摩崖石刻，是历史长河给予我们的宝贵财富。大龙门这个地方有其独特的地貌和地域特征，龙门峡摩崖石刻有自己独特的书法风格和时代特征。这些具有书法艺术价值同时又承载着历史文化的摩崖石刻，使大龙门古关隘的历史与文化价值更高，因为龙门峡摩崖石刻承载着关隘文化和大量历史文化信息。大龙门这个地方，可以向社会公众展示与宣传的东西很多，可以从自然地理、军事、文学、民俗、考古、历史、美学等不同角度展现，不仅可以更好地解读其丰富内涵，还能够使其服务于当今社会。除了发展旅游业，近些年村里建立了写生基地，清华大学、河北大学等周边的一些艺术院校陆续来此写生采风，也是一个很好的对外宣传教育的窗口。笔者认为对于这些不可再生资源，当地政府还应加大保护和宣传力度，甚至"申遗"或者建立教育基地。在重拾传统文化、振兴民族精神的热潮中，让越来越多的人了解大龙门古关隘、龙门峡摩崖石刻，将中华民族威武雄壮的关隘文化薪火相传。

五、龙门峡摩崖石刻旅游开发与保护

（一）龙门峡摩崖石刻的独特性

在几千年的中华文明历史长河中，石刻作为记录人类思想和情感的载体，早就出现了。碑刻与摩崖石刻是古人重要的记事方式之一，历代石刻中保留下来的史料也非常可观。比如明永历帝迁都北京，为了防御北方的少数民族入侵，加强京都周边的防御，大量修筑长城。在修筑和守卫长城的过程中，长城沿线遗留下了大量碑刻与摩崖石刻，这些石壁上的文字有着难得的史料性和艺术性，异常珍贵。它们准确真实地记录了当时修筑长城的始末和戍边将士的真情实感。这其中，以城工碑、阅视碑、鼎建碑以及一些相关记事碑等居多，而摩崖石刻相对要少。

河北省古关隘的摩崖石刻不在少数，但是以涞水的龙门峡摩崖石刻最为集中，数量也最多。经专家考证，这里是华北地区规模最大的摩崖石刻群，龙门峡被形象地称为"历史文化长廊"。其他地方的古关隘摩崖石刻数量较少，比如赤城县的龙门崖摩崖石刻也有十几处，抚宁县天马山摩崖石刻有六处，这些摩崖石刻占河北省古关隘摩崖石刻的绝大部分。其他地方的摩崖石刻，如迁西县城子岭都门周文炳题写的"天限华夷"摩崖石刻，遵化市梁家湾附近的"香山纪寿"摩崖石刻，兴隆县"雾灵山清凉界"摩崖石刻，青龙县花场峪正德十二年墨书题记等都是零星分布。龙门峡摩崖石刻不同之处在于这些石刻作者大多为明代守军将领或巡察官员，数量众多，较为集中，且不以记事为主要目的。比如：都察院右佥都御史贾三近的"万仞天关"，钦依大龙门把总指挥都门何继文的"天成形胜"，钦依马水口总兵吕志如题写的"金汤万仞，玉垒千寻"等，都是描述山关雄伟、地势险要以壮军威，这在其他地方是不多见的。

（二）龙门峡摩崖石刻旅游开发的现状

1. 文物保护缺乏力度

龙门峡摩崖石刻是长城文化的重要组成部分，形成于特殊的历史条件下。它所遗存至今的旅游资源具有唯一性、垄断性和不可再生性，具有较高的史料价值和文化艺术价值。

近几年，龙门峡摩崖石刻越来越得到文旅部门、文物部门对它的重视，但保护力度还远远不够。目前，龙门峡摩崖石刻一共有多少处，众说纷纭，有说三十几处的，也有说二十几处的，没有一个确切的数量。没有专业人士做具体的登统工作，标注每一处的具体位置、大小、坐标、海拔高度等，以及石刻的作者、内容、年代，目前的相关数据还是20世纪80年代做的普查。另外，可以与龙门峡摩崖石刻历史背景相佐证一些碑刻，也散落在村落百姓房前屋后或者菜窖、地基中，没有得到足够的重视与保护。所以大龙门的摩崖石刻和碑刻亟须保护，需要做好相关的普查工作、研究工作，并在此基础上更好地合理开发并加以利用。

2. 资源开发缺乏深度

目前，龙门峡摩崖石刻的旅游资源已经进行开发，被列入国家5A级旅游景区，但这种开发只是采取一些比较原始的方式。龙门峡摩崖石刻是华北最大的"文化长廊"，但是仅有几处注明石刻的内容、作者与简单的官衔，并没有深度挖掘。还有很多没有注明作者与释文，甚至连个简单的牌子都没有。可以说，目前对龙门峡摩崖石刻的研究与开发跟它本身的价值不相称。对于摩崖石刻所承载的历史意义与文化内涵展示得不够，资源开发流于表面。游客感受到的是有书法的自然风光，与其他地方的山水风景相比，差别仅限于此；走马观花式的游览加上简略的注释，游客很难体会到龙门峡摩崖石刻的书法艺术价值，以及其承载的历史价值和文化内涵。一些相关的古代关隘的文化也没有充分挖掘出来，向游客介绍古关隘，有的竟然不知为何物，这不禁让人感到遗憾。

（三）龙门峡摩崖石刻旅游开发原则及策略

1. 开发原则

（1）开发与保护均衡原则

龙门峡摩崖石刻旅游开发应该建立在保护的基础之上，这是由它的不可再生性决定的，只有在保护好的前提下才能谈开发再利用，同时，确保龙门峡摩崖石刻资源的永续性发展又有利于其保护。保护与旅游开发可以互相促进，共同发展。虽然近些年人们对石刻保护意识在逐步增强，但在文物保护单位中石刻的数量所占的比例还是不多，摩崖石刻及周边环境的保护比较容易被文保工作者忽略。龙门峡的摩崖石刻也不例外，随着时代变迁，龙门峡摩崖石刻周边的城堡、城墙、长城等遭受自然以及人为破坏，周边环境的完整性有所缺失，所以对大龙门旅游的开发可以从修复与重构龙门峡摩崖石刻周围环境的角度出发，从历史景观保护的角度认识包括龙门峡摩崖石刻和附近环境在内的自然、历史、文化传承性价值。

（2）保持文化的独特性原则

文化底蕴是文化旅游发展的核心和源动力。任何事物的生存和发展，都离不开它的独特性。龙门峡摩崖石刻旅游资源独特，为华北地区最大的摩崖石刻群，具有自己独特的历史文化背景，且具有唯一性，这是其他摩崖石刻或古关隘不可比拟的。此处的摩崖石刻旅游开发应当彰显它独特的艺术魅力和深厚的文化积淀。所以，在龙门峡摩崖石刻旅游开发中，其他人文景区的开发模式可以借鉴，但绝不能照搬照抄。需要根据自身条件，量身打造，单独设计，根据摩崖石刻的具体位置、环境和相关条件设定相应的路线，形成自己的风格，确保文化的独特性。大龙门历史文化资源丰厚，有大量明代驻军留下的摩崖石刻，有多块石碑见证这段历史，有徐渭的诗词、王士翘的《登大龙门》等都留下了青史可据的人文史话，这些都是我们的优势资源。

（3）旅游开发展示性与参与性相结合原则

龙门峡摩崖石刻并不是一个孤立的博物馆，它与大龙门城堡、蔡树庵长城是一个整体，均属于于野三坡景区的旅游范围。要把龙门峡摩崖石刻资源的开发和野三坡旅游资源的整体开发相结合，不能单打独斗，要整合相关资源，合理分配。摩崖石刻以静态展示为主，但可以开拓和探索一些参与性强的旅游项目，使游客多方位、多角度地体会古代关隘文化，让古老的关隘充满活力和激情；还可以将高科技手段融入进来，加大对龙门峡摩崖石刻的宣传力度。比如，可以利用3D动画还原大龙门各种古代建筑设施、古战场，让游客更直观、更形象地了解大龙门的文化。

2. 开发策略

（1）发挥优势，开发特色旅游

大龙门地处北京西南，天津的西北，距离京津较近，交通便利，地理位置优越，住宿、饮食都非常方便，不论是自驾游还是公共交通都比较便利。龙门峡古关隘摩崖石刻与其他长城关隘的阅视碑、记事刻石明显不同，是具有垄断性和唯一性的文化资源。在今天旅游业发展迅猛、竞争日趋激烈的情况下，我们要积极学习其他地方先进的旅游经验，加以借鉴吸收，转变思想，提高认识，实现旅游业的可持续性发展；抓住自身核心优势资源，提高品质，增加相关旅游配套措施，为文化旅游提供有力保障；抓住国家重视长城文化的政策机遇，发掘龙门峡摩崖石刻的特色旅游。这里不仅有令人心旷神怡的自然景观，方便的游览观光车，还有独特的古关隘边塞书法、历史故事、边塞文化，游客可以感受到雄关的精神气息。

（2）做好相关旅游文创产品

文创产品，即文化创意产品，优秀的文创产品需要具备审美、功能、内涵，三者不可或缺。不能只是简单地迎合消费，还要更上一层楼，做到融会古今、雅俗共赏。文化创意一直是旅游产品开发的热门话题和后续动力。文创产品需要特色文化精神，也需要独特的创意。

摩崖石刻是静止的、不可移动的文物，但旅游产品是活的，可以跟随游客进入千家万户。现在物流相当方便，信息顺畅，给人们的生活带来了极大便利，但也造成全国景区的旅游产品千篇一律，毫无特色，缺乏独创性与地域特色。当下，是文旅融合时代，文创产品开发一直是文化和旅游系统的重点工作之一。景区应该根据自身地域资源开发一系列独创性的文化创意产品，与时代同步。大龙门有深厚的文化积淀，又有足够的历史故事可探寻，通过"文化内容+营销传播"的方式，可以将文化炒热，同时转化成消费势能。文创产品不能只是旅游纪念品，它要包含对古关隘龙门峡摩崖石刻历史文化的重构，有特色的文创产品对游客来说不能只是作为新奇点缀的旅游纪念，还应该兼具审美、功能、内涵，可以成为生活必需品的那一种，浸润到人们生活当中，这也是对古关隘文化有力的宣传。

（四）龙门峡摩崖石刻保护措施

由于气候自然环境的恶劣变化，对龙门峡摩崖石刻损害明显，将现在的摩崖石刻与20世纪80年代老照片对照分析，四十多年来，摩崖石刻都不同程度地出现了风化现象，甚至个别石皮剥落。对摩崖石刻的保护工作刻不容缓，但是，摩崖石刻完全裸露在野外的自然环境之中，保护起来难度非常大。笔者认为可以从以下几方面进行考虑。

第一，建立电子信息系统。利用卫星定位系统，对龙门峡所有摩崖石刻做精准定位，并进行三维激光扫描，把每一处石刻的字体、细节等数据提取出来，拍摄高清精微图像，建立电子档案。定期对摩崖石刻监测，进行扫描并与历史数据进行比较，如发现有变化立即开展修复工作。

第二，摩崖石刻周边的保护措施要到位。有的崖体夏天渗水，摩崖石刻长时间受泉水浸润，就得分析化验泉水的水质如何，有没有有害物质。如含有对崖体不利的有害物质，就得想法引流泉水避开摩崖石刻。有的崖体出现自然裂痕，旁边长出了杂草，甚至小树，就得定期清除，防止树木长大造成对崖体的进一步破坏。

第三，减少空气污染的影响并加以保护。近几十年，大气污染是最主要的环境问题之一，雨水被大气中的酸性气体污染即形成酸雨。长期以来，酸雨对裸露在自然界中文物的伤害较为明显的，它会加速石头的风化，对摩崖石刻尤为不利。保护起来难度较大。如果有条件，对于相对较垂直的崖体，或距离地面较近的摩崖，可以考虑增加遮挡物加以保护，避免酸雨的侵蚀。

　　第四，利用高科技适当加固。石刻的保护是世界难题，各国都面临着同样的问题，可以借鉴一些相关保护经验。用于石质文物加固保护剂有多种，可以选择相对安全、国际通用的加固剂。比如德国生产的可以加固砂岩、黏土类文物的Remmers300，渗透性非常好，重庆大足北山136窟的五百罗汉，新加坡外交大厦都是用此剂加固过，效果良好。使用原则应本着加固剂有着较好的渗透性，与岩石有较好的黏结与附着力，涂料应该抗老化性能好，如果时间久了，发生老化不应对岩石产生破坏的负面作用。

　　第五，做好拓片留存工作。石头也是有寿命的，石面逐渐自然老化这是不可抗拒的自然规律，人为的干预只能放慢脚步，但阻挡不住历史前进的车轮。对于摩崖石刻的保护，有形的需要保护，无形的也需要保护。保护的不只是物质，还有精神。对于摩崖石刻最好的"留影"就是做拓片。拓片可以定格历史的瞬间，为摩崖石刻留影存档。拓片可以做成书籍、文创产品更有利于文化的传播，让几百年前的雄关精神永留人间。

中篇：
大龙门文化考察

一、大龙门村考

据1983年《涞水县地名资料汇编》记载，城堡始建于辽金，但并没有确切的考证。明隆庆二年（1568年）及万历年间曾大事曾修。明、清两代驻有把总守关。清乾隆年间，城内始有居民。据北龙门村刘家祖坟石碑考证，北龙门村约建于金末元初，据说最早有赵、刘两家从涿鹿县黄土坡迁居而来，逐渐发展成北龙门村。这与当地流传的"先有刘家坟（北龙门），后有大龙门"相符合。

成书于嘉靖年间的《西关志》对当时的民俗有这样的记载：

"紫荆关男子专务经营，妇女不识机杼。地狭土瘠，尚气轻生，有燕赵之风。沿河口男子刚毅不务生业，妇女朴陋专事耕樵。大龙门口生男不读书，生女专务农。马水口军民杂处，妇女专事农业。金水口有军无民，戍守者亦能经营。盘石口不尚华侈，颇务商贾。乌龙沟地多肥饶，人罕生业。浮图峪军民各务农业，而俊秀子弟游泮宫。俗之美者也白。"

紫荆关的男子专务经营，是军是民并没有说明。马水口军与民杂处；金水口有军无居民，说得很明确。浮图峪军民各务农业，也很明确有驻军，也有居民。大龙门村出生的男子不读书，是直接参军？还是经营其他？并没有明说，但又说生女专务农，似乎男子参军的可能性极大，尤其是明代有军籍制度。

（一）大龙门村：守军的后代

明清时期，大龙门村曾是重要的军事关隘，派兵扼守，延至清末。民国时期，关废成村，大龙门即定为村名，位于大龙门城堡内，我们现在所见的城堡即为明代修建。该村现有100余户人家，400人左右，有赵、夏、张三姓，均为汉族。经过走访夏国友、夏清通、张志深、张志祥、张志虎、赵曙光等村里人，得知原先村里最少有七姓，分别为赵、夏、张、姜、郑、傅、孟。这七个姓氏现在都存有墓地。除了现在村里有的三姓外，姜家有姜家坟，土改前由于生活困难，姜玉才带领家人去了涿鹿县曹堡，后定居在那里。郑家有郑家坟，郑家的最后一个人叫郑西成，据推算应生活在民国年间，没有后人。据与他相识的赵文讲，春秋战国时期郑家"跑马战业"就来到了此地。他们家有文书，黄布蘸丹，上面明确写有东到东岭（九龙

古隰书风——河北龙门峡摩崖石刻研究

庙），南到南岭（杏黄村），西到上天沟，北到蔡树庵。可惜人早已不在，文书也不知下落，已无据可考。只有傅家、孟家没有人记得他们的后人，仅有墓地存在。姜家、赵家、夏家、郑家都是老户，都是清朝之前就来了。夏家原家谱记载，他们夏家是明朝搬来此地居住，明朝夏家分了三股：夏明、夏亮——大龙门；夏义、夏万——太平村，有的已经改姓郑；夏林、夏云、夏雨——圣佛堂。

据1983年《涞水县地名资料汇编》记载："清乾隆年间，城内始有居民。"如果是这样，那这几个老户只能是由于驻守边关而来。七个姓氏里只有张家是新户，大约清中期从河北（村名）搬来大龙门居住，已有十代以上。据张志深（1953年生）讲，张家的祖上还有一个叫张玉智的，曾经在大龙门衙门当过账房先生，按张家的辈分从张玉智排到张志深分别为：玉、秉、明、德、显、志。到张志深已是第六代，推算张玉智应为清朝中后期人。这样算来应该符合募兵制。

赵曙光（1955年生）的大爷爷赵文上过私塾，算是村里文化人。很多老人的记忆都是经过他的讲述流传下来的。赵文（1897—1969年）原先在衙门里当兵，按年龄推算为民国时期在衙门当差。清末至民国时期大龙门村人在衙门当兵做事的还有几位。夏国友（1937年生）的大大伯夏文荣、二大伯夏文华（比赵文大，解放前已经去世）都在衙门当过兵，张德宽在衙门当过账房先生，写一手好字。这几个人是不是因为祖上属于军户而在衙门当差？还是后来实行募兵制招至而来？他们的后人并不知道。究竟是先来此居住再当的兵，还是先来此当兵后定居至此？也许两种情况都有，在缺乏实证资料的情况下很难考证，尤其是明朝后期实行募兵制，军民已经混在一起，已经很难分清。但是，至今村里老人讲他们的祖上都是吃皇粮的。

据夏国友老人回忆，他的父亲哥仨个，他父亲最小，但也比赵文大，因为他称赵文为叔叔。他的父亲在他6岁时就去世了，两个大伯去世时间也先后相差没几年。据老人回忆，他们的年龄与赵文差距不太大，如果记忆准确的话，由赵文的年龄可以推算夏文荣、夏文华大约也是民国时期在衙门当差，清末的可能性较小。

1. 大龙门村方言

"少小离家老大回，乡音无改鬓毛衰"，唐贺知章的这首诗句充分说明，一个人的生活习惯，语言习惯是很难改变的，大龙门村及其附近一些村庄至今还保留着部分古老的方言。这些方言有些是共同的，只是发音略有区别，有些方言在涞水，除了大龙门一带以外其他地方是没有的。比如说他们管儿子叫"楔（xiě）子"，母亲称"嬤"（nǎ），现在村里一些上岁数的老人还会这样称呼。经查证，这两个方言并不是本地的，其中"嬤"为粤语。"嬤"在《汉语方言大词典》中基本意思为母的。其中有一种解释为粤语，罗正平的《广州方言词汇探源》中有:"乡间俗语往往把"毑"来做'母亲'的代词。经询问广州本地朋友,现在粤语中"毑"经常与其他字组合出现,比如:老虎毑=母老虎;夫毑=大妈;快去揾毑=快去找妈。

他们说也有单独叫的,不过这个叫法现在很少了,城里很少见。直接喊"毑"的一般是乡间通俗的称呼,或文化程度不高的。这与罗正平先生的考证是一致的。

"楔子"这个方言很少见。别的地方有这个词汇,也有一些其他意思,但都与"儿子"不相干,因此不是一个意思。《汉语方言大词典》中有"儿子"的解释,为北京官话。1936年《涿县志》载:"呼儿子为楔子。"涿县是从前的称呼,就是现在的涿州市。涞水县的东部与涿州市交界,历史上曾经同属于易州管辖,解放前也曾有过短时间的合并叫涞涿县,后分开。涿州市在北京西南部,与涞水的东南部接壤。涿州距离北京较近,语言属于北京官话怀承片。而大龙门在涞水的西北部与张家口的涿鹿县交界处,距离涞涿交界处较远,语言属于北方官话。因此,"楔子"这个方言并不是因为曾经涞水与涿州合并或近邻而互相影响。

从上面两个外来方言可以得知,应是外来人口的迁入而流传下来,尤其是"毑"属于粤语系,距离涞水遥远,与明代山西大移民也没有关系;而且,这两个方言只有大龙门一带存在,不出三坡,这么狭小的范围存在那只能是明清驻军时流传下来的。

2. 大龙门村民姓氏

大龙门城堡周围4华里的范围,规模并不大。解放后至今,大龙门村由原先的100人左右,发展到现在的400来人,人口是当初的四倍。村子在城堡内扩建了不少,但还有不少空地,说明当初并不大的城堡内房屋相对并不密集。人口相对并不太多,但却有赵、夏、张、姜、郑、傅、孟七个姓氏。解放前七个姓氏就不全了,民国时期还有赵、夏、张、姜、郑五个姓氏,现在还剩三个姓。这么小的一个村,却有那么多姓氏杂居,外来人口迁居至此的可能性极大。这七个姓氏里有没有因祖上是军户随迁而来?是哪一姓氏?因时间久远已无从考证。据村里老人讲,大龙门城堡内是驻军,北龙门是驻军的家属居住地,这里的山都是官山,地是官地,民国时期撤销衙门后才卖给了当地有钱人,这又非常符合军屯制。

3. 大龙门灯会(图29)

大龙门村的灯会习俗已经有几百年的历史,每年农历的正月十四、十五、十六三天大摆"龙门灯会"(只"文化大革命"期间停了十年,2020、2021这两年因新冠肺炎疫情原因暂停)。灯会用361盏灯代表361家住户(据说过去是361户)摆成每行19个灯杆,每杆相隔一米,纵横都是19个杆,成正方形,19×19=361。

图29　大龙门村的龙门灯会（王学雷供图）

传说此灯阵是由诸葛亮所创的"九宫八卦阵"演化而来，所以也叫"九宫八卦灯阵"，也有说法是原来兵营留下的迷魂阵。从一头的入口进去，另一头的出口转出来。人在里面转来转去，跟迷宫似的，最后走出来。节日三天，不只是大龙门本村的人，附近村民于晚饭后也多赶来观灯走阵，人多时近万人，已经成了远近闻名的著名节日。不管是"九宫八卦阵"，还是"迷魂阵"，似乎都具有古代战争时期排兵布阵的这种特质。

　　大龙门村的灯会始于何时，没有文献记载。大龙门的灯阵与甘肃、山西、陕西、河北怀来、北京市延庆等地的"九曲黄河灯阵"有很多相似之处，但这项民俗活动在涞水的其他村庄并没有，为大龙门村所独有，移民所带来的民俗的可能性较大。这种看似偶然，应该有其必然的联系。过去，贫困的山村很难有娱乐活动，一年一度灯会中的灯阵活动就成为驻军将士、当地居民难得的娱乐。灯阵习俗既有祈福作用，也兼具娱乐性质，具有浓厚的中华文化色彩。独特的形式，欢腾的场面，在平静的山村给人们带来极大的享受。能在大龙门村保存下来，这是一个重要的因素。

4.大龙门服装服饰

　　解放前的大龙门交通不便，经济更谈不上发达，是典型的闭塞山村，遗存下来的影像资料很少。我们现在能看到的就是1936年赫达·莫里逊拍摄的大龙门及其附近的一些村庄居民照片（图30）。通过莫里逊的镜头，可以看出此地居民的服装服饰有着显著的特点，妇女发型前面蓬起，后面用绳扎成圆形长髻，形似弯弓。耳环较大，每对重约八钱。妇女脚穿船形上翘尖套鞋（图31），上绣花卉图案。典型的"大耳环子，勾勾脚"，并没有受民国的新风影响，反而有典型的明朝遗风相沿。当然，这与地处相对封闭的山村，信息、交通闭塞有关。也有另外的一种说法：清统治初期，此地受歧视，因而有反清复明的思想，在社会习俗和服饰上，也长期保留了一些明代遗风。

综上考证，至少有一部分村民为驻军后代，尤其是部分方言的保留最有说服力。龙门灯会的形式与古代排兵布阵有很大的相似之处，只是历史久远，缺乏相关文献资料，无法详细说明驻军是哪种形式而来。像赵文、夏文荣、赵文华、张德宽，他们在大龙门当兵时本就是大龙门村的居民，只是在衙门找了一个差事而已，这种性质符合募兵制。但他们的祖上又是何时来的大龙门？是先当兵，后留下？还是一直是本村人？只能推断，并没有直接可考的资料佐证。那些在龙门峡石壁上留下墨迹的

图30　赫达·莫里逊1936年拍摄的大龙门村妇女儿童

图31　赫达·莫里逊1936年拍摄的大龙门村附近妇女绣花鞋

驻守将领也缺乏相关详细资料，普通官兵连一个名字都没有留下，更是无从考证。明朝后期开始实行的募兵制，军民已经混在一起，已经很难分清。

（二）解放后大龙门历史沿革

《水经注》记载，这里在唐、宋以前叫"圣人城"，自辽、金代筑城起，此处始有人烟，曾是中原通往塞外的交通要塞，屡经战乱。明代加强边防，修建城堡。嘉靖年间记载"钦依大龙门等口把总"戍守，清代沿袭明制，一直到清末，民国废止衙门。关废成村，大龙门即定为村名。现大龙门村隶属九龙镇，2020年人口普查116户，378人，仍然承传着古朴、淳厚的民风民俗。

在村子里采访到了1948年出生的夏清通老人，他是村子里的老支部书记，也是村里任支部书记时间最长的一位（见表4），在村子里流行唱戏的年代老人是村里戏班的台柱子。其父夏国斌曾任农会主任（相当于现在的村支书），老人身体清瘦，身子骨硬朗，从小在大龙门村长大，后来又亲手管理村子，非常热心肠，说起大龙门村的历史，声音洪亮，如数家珍。大龙门村人都很热情、纯朴，有非常好的革命传统。在采访的过程中村民赵志虎，原籍大龙门村的赵曙光老人等也向笔者讲述了相关的村子历史。可以从侧面了解大龙门村的纯朴民风。

我：您是什么时候开始在大龙门当书记呢？

夏清通：我当书记是1972—1978年，从1979—1984又当副书记，然后1988—1992年又当了四年正书记。中间是副书记，1985年停了一年副书记。

我：您开始是正书记，后来怎么降级当副书记呢？

夏清通：要培养接班人的，新老接替，不能你一个人一直占着位置。

张志虎：新手没有经验，要帮助。

夏清通：那时有一个词叫"传帮带"。

我：那说明村里对干部培养很重视的。

夏清通：那时没人愿意干，赔钱的买卖，公社里来了人要上你家吃饭的。1992年后我不干了还是因为儿子的一句话。孩子说"爸，你别当了，我连豆腐都吃不上，你都待了客人"，一句话说得我心里难受了。

赵曙光：那时镇上来了人都是个人家里贴饭吃。

我：那时没有补助吗？

夏清通：那时连工分都没有。

张志虎：那时老一辈的都是奉献的。文革期间一个小学教师一个月工资也就十几块钱。

我：那说明我们村有很好的革命传统。

表4　大龙门村建国以来历任村支书

序号	姓名	起始时间	结束时间	年限	备注
1	夏国斌	1948	1951	4	
2	赵克忠	1952	1955	4	
3	张德林	1956	1957	2	
4	张德儒	1958	1962	5	
5	张显林	1963	1965	3	
6	张显宗	1966	1967	2	
7	张德通	1968	1969	2	主任
8	张志印	1969	1970	2	主任
9	赵克森	1971	1972	2	
10	夏清通	1972.12	1978	6	
11	张志印	1979	1981	3	
12	张德通	1982	1984	3	
13	张显玖	1984.12	1985	1	
14	赵克深	1986.1	1986.12	1	
15	张志然	1987.1	1987.12	1	
16	夏清通	1988	1991.12	4	
17	张志臣	1992	2002	10	
18	张志深	2002.9	2005	3	
19	张志祥	2006	2011	6	
20	张庆丰	2012.10	2018.8	6	
21	张庆华	2018.9	至今		

另：夏国斌为夏清通老人父亲，在1948年前当过3年农会主任（也是村支书称呼）

（三）口述大龙门

一般的村子都没有专门的文献记载，村子里的事情就靠口口相传，一代一代往下传。大龙门村村名的由来历史并不长，但大龙门历史久远。由于摩崖石刻，由于大龙门城堡，更由于明清驻军，曾经是历史上重要的关口而不一般。大龙门村的历史是建立在大龙门关口之上的，是大龙门关口的延续。如今，只能通过今天的大龙门村的一些历史遗存，村民的方言、风俗习惯等蛛丝马迹上溯曾经辉煌的大龙门关口。

要想了解村子的相关历史，就得寻访村子里上岁数的老人。他们祖祖辈辈生活在这里，多数是驻军的后代，对村子有着深厚的情感，他们也乐意别人倾听他们的讲述，把他们所知道的，从他们的祖一辈父一辈那里听来的关于村子里的事情，历史典故也好、民间传说也好传承下去，不要在他们这一辈断掉。大龙门村是旅游村，交通便利，很多年轻人不是外出打工，就是在本村创业发展旅游，生活条件算是不错。现在是信息社会，网络时代，足不出户知天下事，现在村子里的年轻人很少有人愿意听这些老故事了。多数年轻人关心的并不是村里的这些旧事。以至于，当我提出向夏国友老人采访时，老人特别热情，觉得这是他们的责任。可以说，采访任何一个大龙门村上岁数的老人，他们都不厌其烦，非常热心。短短的几天时间，我采访了夏国友、夏清通、赵曙光、张志深、张志祥、张志虎等，还有几位没有记住名字的村民。

1. 采访赵曙光、张志深（图32）

赵曙光，1955年生，原籍涞水县大龙门人，其父亲赵克山（1927年生）曾经当任涞水县委书记。张志深，1953年生于涞水县大龙门村，曾经当过大龙门村支书，对本村比较了解。

我：赵叔、张书记您们好。我想深入了解咱们这的摩崖石刻。比如，摩崖石刻是驻军的题字，它与周边的关系，驻军涉及到的历史，古代的一些防御啊，包括经济、政治。而且咱们这个村子就在这个城堡里，本村的居民与驻军有什么关系？这涉及到这个村的村史。当地的民俗、风俗习惯，您都可以讲，他们是不是有一定的内在联系？我想把它做一个详细的挖掘。

图32 赵曙光（左）与张志深书记（右）

赵曙光：我是大龙门走出去的，爱了解我们这个村的情况。张志深大哥呢，他原先是这个村的书记，生在这个村，长在这个村，对咱村的历史比较了解，让他先介绍一下大龙门村的历史吧，从摩崖石刻到古城墙，以及村子的来历。

张志深：原来村里有一个老爷庙，就是现在的老陈家位置。庙里有一块记载李国桢的碑，李国桢是明末的武状元，搞"四清"时破坏过，现在不知去向。城堡是辽金时代建立的，明代重修。据说，这里曾经驻扎过17个武状元，36个武举人，有记载的是明末李国桢武状元。

赵曙光：从城墙开始说吧，说完城墙说摩崖石刻，再说一说咱们的村落，好吧。

张志深：明代重修大龙门城堡，所以是明代的城墙，城墙周长2000米，有墙的部分是1700多米，这是用皮尺拽（量）过的。那时在村里边干事，对村里的环境要熟悉，就得亲自去做，去测量。村里搞旅游，人家一问，你什么也不知道，那是不行的。我小的时候说是山上有滚木礌石，也许是年代久了，没见过滚木，只有一堆一堆的礌石，往下滚着玩。山上有炮台、烽火台，村子里有弹药库，边城三道，有教军场、演武厅、操场等，整个村子是一个完整的防御体系。从地形上看，摩崖石刻大多为明代将士留下的。

我：有多少摩崖石刻呢？

张志深：三十多处。

我：有那么多吗？我来了几次，只找到二十几处。

张志深：有的，两山上都有，往里走拐过弯去，就是养鱼池那边也有，东山上也有。

咱们这个大龙门关口隶属于紫荆关，紫荆关是大关口。大龙门口南北管辖十一个小口，南边的马水口、兑九岭、上天沟等，有人能走的道就管着，往北到南将石、北将石，与小龙门接壤，也就是红石口（现灵山）。南边与马水接壤，北边红石口接壤。

赵曙光：大炮山、小炮山这两座山上过去有防御炮台，现在大炮山上还有过去的古炮台遗址。小炮台负责城墙西边的防御，大炮台负责老虎嘴一带。咱们这城墙不仅仅是大龙门城堡（周边），旧城里的已经没了。为什么叫三道城？就是在城堡往外还有两道城。第一道城在龙门峡谷的老虎嘴，第二道在南北楼，第三道是西城门，都有工事。老虎嘴那过去都有绊马索，就在岩石上，现在看不到了。

张志深：对，"万仞天关"的桥头上，现在不好找了。

明末清初，关的作用削弱了，但驻军并没有撤，关口没有撤，只是驻军减少了。清代的关什么年代撤的呢？赵文爷、张德瑞爷、张德宽爷，他们在衙门当过兵。他们的当兵与公社的半脱产差不多，一年给几块钱，逢年过节啊，或者有事啊来站站班，平时爱干什么干什么。不仅是清末，中华民国了他们还在当差，这个地方的关口是在卢沟桥事变前，大约1935、1936年撤掉的。最后一届官是满城县凯下村的芦坤山。1936年还回来卖了一次官山。

赵曙光：赵文是我大爷，他们这些人要活着得100多岁了，他们在民国初期给衙役当过差，站过岗、放过哨。

张志深：张玉智是我们张家的祖上，在衙门当过账房先生。到清朝时就没有那么多驻军了，兵就少了。那时号称易县西陵后哨，归西陵管辖。

我：这个村子怎么来的呢？

张志深：到清朝国家统一了，军队没有那么多了，当兵的退了走不了了，也就留在这了。

姓张的是河北村（张家口涿鹿县下的一个村）搬来的。为什么说是当兵的后裔呢？这个村的坟杂姓多，但是现在住着的并不多。姓赵的、姓夏的是老户。姜家坟、孟家坟、傅家坟、张家坟、郑家坟都有，都是这个村的坟。这说明原来是杂姓，不是当兵的就是土匪，一直到三几年还有官方管辖，说明没有土匪，只能是当兵的后裔。

我：这个村最早什么时候形成的有记载吗？

张志深：没有完整的记载。

我：有家谱吗？

张志深：我找过家谱。张家的家谱、赵家的家谱、夏家的家谱上岁数的老人也没有。张家的家谱原来在张德永家，后来"文化大革命"时毁掉了。

赵曙光：我记得我们家过去有家谱，我小的时候看到过，一到过年时要供牌位，我爷爷活着时候供着的，大概要有四五代人吧。赵家、夏家是老户，张家是新户。我爷爷他们这一辈都吃过官粮，应该算是后裔吧。现在村子里只有赵、夏、张三姓。过去还有傅、姜、郑、孟等。

张志深；土改前，这个村剩的人并不多，很多出去逃荒了。大街上能放牲口，都是荒草。1947年土改时，这个村人也不多，也就百八十人。1960年分生产队时是199人分的两队，一个队100人，另一个队99人。现在有四百多人。

赵曙光：咱们这是老区，1947年土改，那时我爸爸就当本村的村干部了。萧克1939年就过来了，建立平西挺进军。抗战时期，杏黄村还驻过部队医院。

张志深：北龙门也驻扎过白求恩卫校分校医院，交通要比杏黄村好一些。解放战争时1947年攻打张家口的新保安，也就是平津战役的第一仗，那些重伤员送到北龙门救治，医治无效死亡的战士就埋在了这里，烈士坟就是从那时开始的。

我：这还有一个烈士坟？

赵曙光：是的，1947年平津战役时埋了一部分烈士，1959年又迁来了一部分。2015年修停车场才全部迁到了刘家河，那里建了一个烈士陵园。烈士坟原先位置就在大龙门城堡的东门外，现在的停车场。

我：当地老百姓对摩崖石刻有什么认识吗？

张志深：没什么看法。这里较封闭，村里有文化的人少，原先这个地方是边关要塞，对军事设施也不大在意，没有那个文化素养。

我：这里的城堡、城墙原先要完整一些吧？

张志深：城墙上的石头在修水电站时把它改成小石头利用了。"农业学大寨"时用这里的城墙石头修了好几座桥。北龙门的桥、五里堡的桥、河西的桥、咱们村的桥都是用城墙的石头修的，那时公社里也没有钱，县里也没有钱。老百姓盖房、垒墙头也用，折了城墙也能省出地方盖房，那时的老百姓还没有保护文物意识。

赵曙光：就是"文化大革命"期间修的桥。因为我1968年回来时还是用柴禾剁的桥，等我参加工作再回来时就是石头桥了。"大跃进"时期修水电站拆了很多城墙石头，后来也没有修成。城堡从南到北一共6个烽火台都是完整的，现在只有一个是好的。

我：西城门是什么时候毁坏的呢？

赵曙光：西城门堡的门洞旋上面也是"文化大革命"时毁掉了，西城门洞还是原先的。我小的时候西门外有一个烽火台还是好的，也是近四五十年内塌陷的。

我：西门外，往里走还有很矮的城墙。

赵曙光：是的，那是一道水门。过了水门向前，就是二道城的南楼，南楼对面是北楼，后因修公路拆掉了。进了西城门里有头鼓楼、二鼓楼。

张志深：头鼓楼与二鼓楼中间是衙门。负责衙门的安全。

我：衙门什么时间没的呢？

赵曙光：现在还有遗址，我们小时候地上建筑就没了，已经是一片废墟了。

张志深：这里明清时属于官山、官地，要交税的，交到西陵。

我：还有一个问题，听说这里解放前还来过外国人。

赵曙光：1936年来过，德国人，还有老照片呢。

张志深：原先杨家坪还有教堂，六国通商，现在保存得还比较好，距离这里大约三十里地。

赵曙光：山上还有一块碑二圣祠。

我：还有庙吗？

赵曙光：旧址有，庙已经塌了。

张志深：有碑文，一面记事，另一面是记载的出资者。

我：公路上面还有一尊佛像。

赵曙光：是的，沟里还有一尊，"农业学大寨"时修水渠垫高了，现在这尊佛被水淹没了，只露着头。

张志深：当地流传着谚语："金华山铁脚坨（百草畔），石门沟里三大佛，谁要找到三座山，金银财宝往家搬。"咱们这龙门峡谷就是石门沟，但是只找到两尊佛，另一尊在哪里不知道。

赵曙光：原先这里还有一个顺口溜——野三坡三件宝，大耳环子勾勾脚。另外一宝是什么不记得了。

2. 采访夏国友（图33）

我：村子里有石碑遗存吗？

夏国友：有一个明朝李国桢碑，原先立在东城门进门的左手，后被毁坏不知道埋在了什么地方。我那时还小不识字，记得年龄大的给我念过一部分，现在只记得上面有"李国桢招兵买马，自带盔甲"两句话。在明朝时，这个地方的守将都是皇帝直接调派，不受周围的州城府县管辖。

我：不受保定府管辖吗？

夏国友：不受管辖，保定府还给这里养着3000御林军。

我：大龙门村人都是当兵的在这落了户的吗？

夏国有：有一部分是。像夏家、赵家、孟家、傅家这都是老户，这都是明朝前就来了。明朝建城墙时已经有人在这居住了，像郑

图33 夏国友

家是春秋战国时期"跑马占业"时来的。

我：摩崖石刻有多少处呢？

夏国友：一共有27处。原先旅游局老局长王宝义带领我们考证过。后来拆了很多城墙，都是公共的，没人敢管。

我：抗战时这里来过日本人吗？

夏国友：抗战时期日本人没能进得了村。在东岭上，日本人开着伙房正做饭，县大队的人打了三枪，就和日本人开了火。日本人知道这个地方一夫把关、万夫莫开，易守难攻，就撤走了。

村里庙宇大多在"破四旧"时拆除了，一进东门有一棵大核桃树，还有一棵大槐树，三个人一搂，也在"文化大革命"时砍掉了。村里这么大的大槐树原先一共有7棵，现在都没了。

现在的停车场是原来的教军场。后面还有一个演武厅。一进东门右手，大约30米处有一个巡抚衙门。

我：您记事时还有吗？

夏国友：已经没了，只知道有那个地方。

我：城门楼原先是这样的吗？

夏国友：顶上原先有敌楼，比现在还高出一层来。东门上面原先有32个柱顶石，西门上面有18个柱顶石。城墙上有巡逻的，城根有跑马道，城墙上就可以跑马。相距50米一个敌楼。

我：听说还有大炮。

夏国友：对，还有3米长的大炮，就在城楼上面。后来拆了埋起来了，有几十个吧。我记事时就在巡抚衙门的地里埋着了。抗战时藏在那里了，为了"坚壁清野"。

3. 采访夏清通（图34）、张志虎（图35）

我：老爷庙有几个石碑呢？村里的石碑还有印象吗？

夏清通：我记事时老爷庙有两个石碑，一个大碑，一个小碑。大碑修东城门前的路时埋在地底下了。后来县文物保护局想把村里的文化遗产找一找，我那时当副书记，生产队出工分，挖掘这个碑，但没有找到。再后来旅游局修路时也找过，埋得太深了也没找到。原先东门外出门不远就是坎子，很深的，和现在的停车场差不多一个水平线了。

我：这个石碑什么时候埋的？

古隚书风——河北龙门峡摩崖石刻研究

夏清通：肯定改革开放前，大约"文化大革命"前后。我那时还当生产队长呢，人抬不动，生产队的大车拉出去的。

张志深：张显宗说是1960-1963年东门外修路埋入地下的。

我：李国桢的碑也埋在那里了吗？

夏清通：可能也埋在那里了。那时人们没有保护文物意识。

我：老爷庙左手的库房里有石碑吗？

夏清通：我记事时库房里没有碑。

我：南面是菩萨庙。

夏清通：菩萨庙相当于东庙，这边一个大殿，大石碑在殿前面，有乌龟底座，个头很大。

图34　夏清通书记

我：菩萨庙南面还有一个钟楼，多高还有印象吗？

夏清通：那个不记得了。

我：80年代，原先旅游局王宝义老局长来过龙门峡考察过吗？

夏清通：来过很多次，摩崖石刻都做了拓片。1985年字不清楚的用红色调和漆描的，后来河北省文物局不让描。

我：有多少处有印象吗？

夏清通：记不清了。拐弯处是三道城，老虎嘴在三道城的上面二三里处，差不多到鱼塘了。

我：说一说村里的庙宇吧。

张志虎：真武庙是"文化大革命"初期拆除的大门，只是顶子塌陷了，上面是两层大殿，现在地基还在。三进院子。石碑在大殿的外面，大门外。当时还有两口钟，一铜一铁。铜钟现在宣化了。铁钟在抗战时期被兵工厂做了手榴弹了。

我：这么大的庙为什么没有路呢？

夏清通：原先有路的，用石条砌的台阶，大约68年前拆走了。

张志虎：这个村里庙宇特别多。街口盖房的位置是老爷庙、菩萨庙。

我：不是解放初就拆除了吗？

张志虎：老爷庙没有完全拆除，老百姓商量把碾子拉进去，改造成了磨坊，一直到80年代。

张德宽当时在衙门当先生，去世时八十来岁，大约1977、1978年去世的。写得一手好字，原先写对联都找他来写。

北龙门村是这村的家属院，驻军的家属都住在那里。

夏清通：张显真家南墙正是头鼓楼城墙。张庆猛家西北墙角处（约占一半）为二鼓楼，城墙东西约4米宽。我记事时只是没了大门，其他都有，还有铁质的炮弹，在九道沟，竖在核桃树这里。据说大炮弹是打紫石口的，小炮弹是打镇厂的。"文化大革命"修水渠挖出来了，还有铁蒺藜。原先鼓楼上面都有敌楼，1958年把敌楼砖都拆走运到北龙门修大炼钢铁的炉子了，"文化大革命"时期拆除的鼓楼城墙，城砖盖了学校楼的大南房。1978年拆城墙砖修桥，修的本村的桥，还有河西的桥。我那时已经当村里副书记了，记得很清楚。村里人盖房打地基很多用的城墙石头。

图35　张志虎

我：修水库用了吗？

夏清通：修水库没有用，拉不上去。就是用的当地的石头。

我：老百姓是不是也用了一些？

夏清通：老百姓盖房打地基用了一些长城石头，城砖也用得不少，那时人们没有文物保护的意识，不懂这是文物，需要保护。

张志虎："文化大革命"后期城楼上才弄了一个河北省文物保护单位。真武庙如果不拆肯定是不错的。（此处应该为记忆错误，城楼上最早的河北省文物保护单位为1956年9月7日立，见图36。）

图36　1956年9月7日立万里长城为河北省文保单位（大龙门城堡）

　　夏清通：门里有三道城，门外也有三道城。门外的一道城在现在的检票处向上一点。

　　我：那时也有城墙吗？

　　夏清通：我记事时就不行啦，城墙就不怎么样了。南北楼还在。

　　张志虎：南楼是1960年发大水，被水冲走了。地基是2000年修水渠给拆了。

　　老百姓最喜欢的记事方式就是口口相传，简单又直接。通过与几位村民的访谈，笔者对大龙门的历史有了一个基本的认识，在口口相传的过程中，由于人的认识、记忆会有误差，甚至记错或遗忘，会有一定的偏差。笔者所选择的几位村民夏清通、张志深都是村子里的老书记，对大龙门村相对了解得要深、要准。夏国友老人当时是村子里的年龄最长者，当过小学教师，对村子里的历史比较感兴趣。赵曙光是从大龙门走出去的，也爱了解自己家乡的过去。笔者走访的村民还有张志祥老书记，现任书记张庆华，村民张志虎等，都为了解大龙门的历史提供了很大的帮助。

（四）大龙门的戏

　　听戏对现在的年轻人来讲有些陌生，但在20世纪，尤其是还没有普及电视机、电影的年代，听戏是村子里最好的娱乐活动。20世纪80年代，河北一带一些有条件的农村在农忙季节之后，还请外地的戏班子来村里搭台唱戏，人们坐在台下听戏，好不热闹，就像过盛大节日一样。别的村是请戏班唱戏，大龙门村是自己有戏班子，自己唱戏。从前的大龙门村不知何时起，也有唱戏的传统。

据村里上岁数的老人讲，大龙门村在解放前就有唱戏的传统。解放后，人们的生活相对安稳了，每年春节期间就又搭起了戏台唱戏。大龙门村的戏是附近十里八乡唱得最好的，也是最专业的。那时有一个说法——"大龙门一开咚，上下邻村跑得没了命"形容大龙门的戏唱得好。为了唱好戏，购置唱戏的行头，村民们就想法集资。那时还是生产队，个人手里没有什么钱，但村民的想法很淳朴，思想行动也很一致。大约1956年村里卖了两头大骡子，一生产队的黄骡子，二生产队的黑骡子。邻村北龙门、杏黄、蔡树庵、太平村等也适当赞助，等于五村合购了两套唱戏行头，大龙门村出资最多。在那个物质条件非常匮乏的年代，人们的生活条件也很困难，但村里也不会丢东西，可以说路不拾遗。那时人们的思想很淳朴，对精神文化追求很高。

唱好戏并不是一件容易的事情，需要有专业的老师教授。大龙门的戏是请张家口涿鹿县岔河村的刘中河老先生教授的，后来上岁数了，又请罗古台的张勇科来教授。那个年代学唱戏很苦，老师手里拿着棍子，唱不好脑袋上就来一下，棍子下去就是一个包，哭都不敢哭。一般晚饭后家长带孩子去学戏，那时的教育模式很简单，不听话就挨揍，老师家长都要求严格，完全是棍棒之下学出来的。

村里唱戏一般是农历正月初一开始搭台，初二开始连唱两天，然后还要去杏黄、蔡树庵、太平村、北龙门唱戏，每个村唱两天，因为购买唱戏的行头时这几个村赞助了一部分资金。唱戏的演员都是大龙门村的，村里几乎人人都会唱戏。有一个大戏《山海关》，需要有化妆的，穿衣服的，戴头盔的，都上场人还不够用。

这里的戏叫"老山梆子"，分大戏、小戏，大戏就是正式演出的戏，小戏是在大戏正式出场前演出的，一般时间较短，大约在10至40分钟，一是等观众入席，二是给大戏留出扮装做准备的时间，小戏唱完，大戏紧随其后。

说起大龙门的戏，夏清通老书记绝对是行家，在与其交谈过程中，老人讲过去自己如何学戏，如何唱戏，历历在目，就像昨天刚刚发生的一样。只可惜，这都将作为历史，成为过去。至于大龙门村唱戏的传统是从何时开始，最早的戏属于什么戏种，与明清驻军、山西大移民有没有关系？没有人说得清楚。

二、大龙门民俗——灯会

（一）大龙门村的龙门灯会简介

大龙门古村最具特色的民俗活动当属农历正月十五元宵节"龙门灯会"的"煽灯"活动，此灯阵据说是由诸葛亮所创的"九宫八卦阵"演化而来，所以名叫"九宫八卦灯阵"，又因其阵像九曲十八弯的黄河，因而后人又将其称为"九宫八卦黄河灯阵"，简称"九曲黄河灯阵"。

围栏构成曲曲弯弯的阵型（图37），大弯套小弯，小弯连大弯，转出来又转回去，游人鱼贯而入，迤逦行进，曲中有直，直中有曲，从曲中求直。依老子"曲则全，枉则直，洼则盈，敝则新"的辩证观，让游人在"曲"中把握"全"，在"弯"中把握"正"，体现了道家在"否定中把握肯定"的思想，启迪游人在曲折中学会"转身""回头"，在长途跋涉中要坚持，胜利和希望都在坚持之中。在绕

图37　停车场旁修建的灯阵图（王学雷供图）

游中既有虔诚祈福、欢乐气氛，又会对人生有所感悟。

（摘自大龙门村大队部《龙门灯会简介》，作者王学雷）

（二）口述灯会

关于灯会的传说几乎大龙门村的人都会讲述，历代都是口口相传，没有文字记载。口口相传中难免会有误差，所以每一个讲述者所说的内容都不尽相同，但又不会差距太大。有的人讲得比较详细，有的较简略。这跟讲述者的文化水平，语言表达能力，甚至心情有关。灯会的布置都是靠口口相传，没有文字说明，人们也是通过讲述、师傅带徒弟的方式具体操练传授灯会摆放方式。后来夏清通老人怕失传，绘制了一个简单的灯谱图（图38）。随着生活水平的提高，科技的进步，灯会的布置也有所改变。比如原先是素油灯，现在都改成了电灯；原先用于放油灯的是木头杆，现在改成了四寸铁管，但基本形制没有改变。

为了保持这种原汁原味，笔者还是以采访口述的形式，把采访到的几位村民口中的龙门灯会稍作整理记录如下。

我：这里有什么风俗习惯呢？

赵曙光：这里有一个灯会，就是转灯。每年的正月十五，年代很久远了。摆一个八卦阵，现在是电灯，过去都是油灯。老人小孩都参与，人在里面转来转去，跟迷宫似的，最后走出来。这天每家每户门口都挂着灯。还有一个煽灯的，反穿皮袄，打扮得比较古怪，装扮得像妖怪似的来煽灭灯，但是每家每户都不让灯被煽灭，所以在门口放炮仗。有这么一个活动，类似于驱邪吧。

我：这个灯会是怎么来的呢？

张志深：关于灯会有两种说法。一种是说九宫八卦灯，另一种是原来兵营留下的迷魂

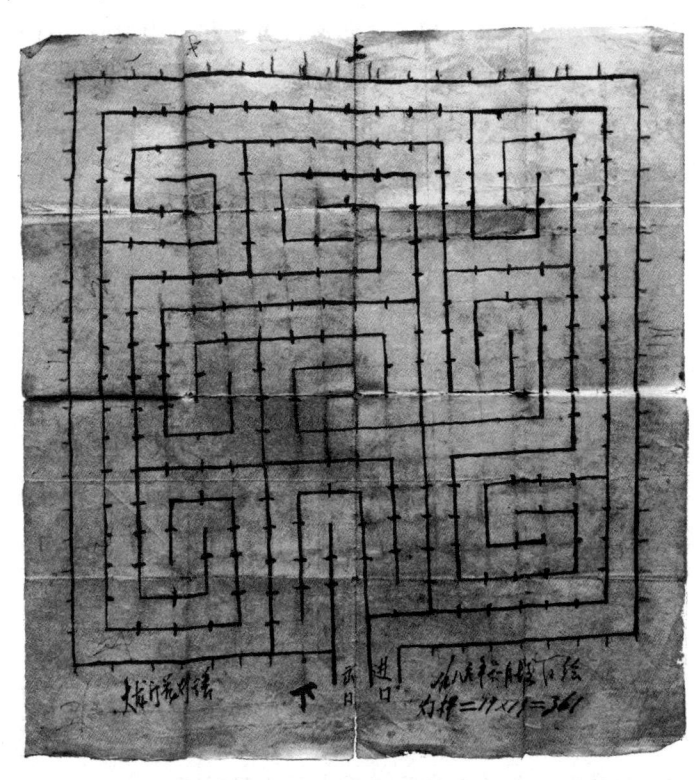

图38　夏清通老人提供的20世纪80年代自绘的灯谱

阵。也有说是这个传说来的,这村有一个姓张的上山砍柴,在山上发现了通缉犯黄毛,回来报告了衙门并抓住了黄毛。衙门就按告示所说来赏赐他,让他进朝做官,但是此人并没有文化,吓病了。后来衙门就赏赐了他灯城一座,做灯官,每年正月十四、十五、十六夸官三日,这三天灯官说了算,官衔相当于保定府知府。再后来就实行灯官轮流转,今年是你们家,下一年是另一家,现在还是这样。

我:灯会是怎么一个构造呢?

夏清通:灯会阵形状是正方形,每杆相隔一米。每行19个灯杆,19×19=361,过去据说村里是361户,一家贡献一盏灯,灯碗里的油是吃的油,香油、花椒油、核桃油、杏子油都可以。放灯的灯托用木头板中间弄一个窟窿(放灯碗),下面烫个眼插在灯杆上,四周用五颜六色的纸糊上防风。如果个别没有灯碗的也可以用萝卜挖一个代替。

我:现在咱们村有多少住户?那些年有300多户吗?

夏清通:我当书记时是80多户,每家要弄四五个灯碗,现在100多户。据说刚刚设灯会时是361户,后来都走了。

我:原先灯官的帽子什么样的?

夏清通:灯官的帽子与灯吏的帽子不一样,灯官帽子上有一个绿顶子,灯吏的帽子是没有的。灯官相当于正的,灯吏相当于副的。灯吏是下一届的灯官,灯员是下一届的灯吏,下下届的灯官。

我:衣服还有吗?

夏清通:原先有,也在特殊年代都烧了。

我:灯官现在还用轿子抬吗?

夏清通:原先四个人抬,实际灯官在地上走,是假抬,做个样子吧。近几年也不抬了。

我:灯官的帽子还有吗?

夏清通:用唱戏的帽子代替的,曾经在我们家放过。我弟弟拿回去的,我奶奶拿它来盛东西,后来不知去向了。白色的帽子,上面有红缨子,还有一个绿圈。这个是当时买戏服时一起买的。

我:我说的是老帽子。

夏清通:那个我没见过。

夏国友:那个帽子我小时候戴过,那年是我们家当灯官,大人正赶上没有时间,我大哥(夏国斌,夏清通父亲)就让我戴上了。那顶帽子是一代一代传下来的,后来就不知道去向了。后来买戏服时正好有一出戏也需要帽子,和灯官的帽子差不多，所以就用戏帽当灯官帽子了。

我：帽子什么时候没的？

夏国友：我十几岁的时候吧，土改（此村1947年）前后。

我：煽灯是怎么回事呢？

夏国友：一家大门上要有两盏灯，要挂在街上。比方说村里100户，就要200盏灯，如果谁家不够两盏灯，就罚3斤素油拿到集体去，没电灯之前都是这样的，这叫查灯。灯官带着人先查灯，这是第一步。如果灯都够了，下一步就是煽灯。打着文武镲、锣鼓，拿着笊篱、扇子的，反穿皮袄，呼哒呼哒的，来到各家大门前来回呼哒，如果要是把谁家的灯煽灭了那是不行的。一看里面没有油，为什么灭了？要受处罚。就得添上油，加上捻。

我：那油多也能煽灭呀。

夏国友：油多，捻粗些就不容易煽灭，煽好几下也不灭。油少、捻细就容易灭。等都查完了灯，煽灯也都结束了，灯官上了戏台，煽灯和查灯的向灯官去汇报。

我：三天三夜吗？晚上有人值班吗？

夏国友：是的。还有唱戏的，晚上要到很晚。这个村文明，夜不闭户。

三、大龙门的庙宇与衙门

（一）大龙门的庙宇

在科技不发达的古代，修建城堡，加固城墙等建筑防御工事是抵御外族入侵的最重要和有效的方式。明朝的时候战争频发，那些边防重地的守军时刻面临生死，常年承受巨大的精神压力，他们需要超强的精神力量来支撑，希望有神灵之类的保佑他们平安且战无不胜。在当时的这种历史条件下，寺庙作为人们精神需求的载体最合适不过了。因此，伴随着防御工事的建立，军民还会兴建与他们生活息息相关的庙宇，以满足人们的心理需求，大龙门也不例外。不大的大龙门城堡内星罗密布地分布了众多庙宇。大龙门城堡原有十一座庙宇（图39），堡内有8座，堡外3座。分别为：老爷庙、菩萨庙、龙王庙、娘娘庙、药王庙、火神庙、城隍庙、五道庙、

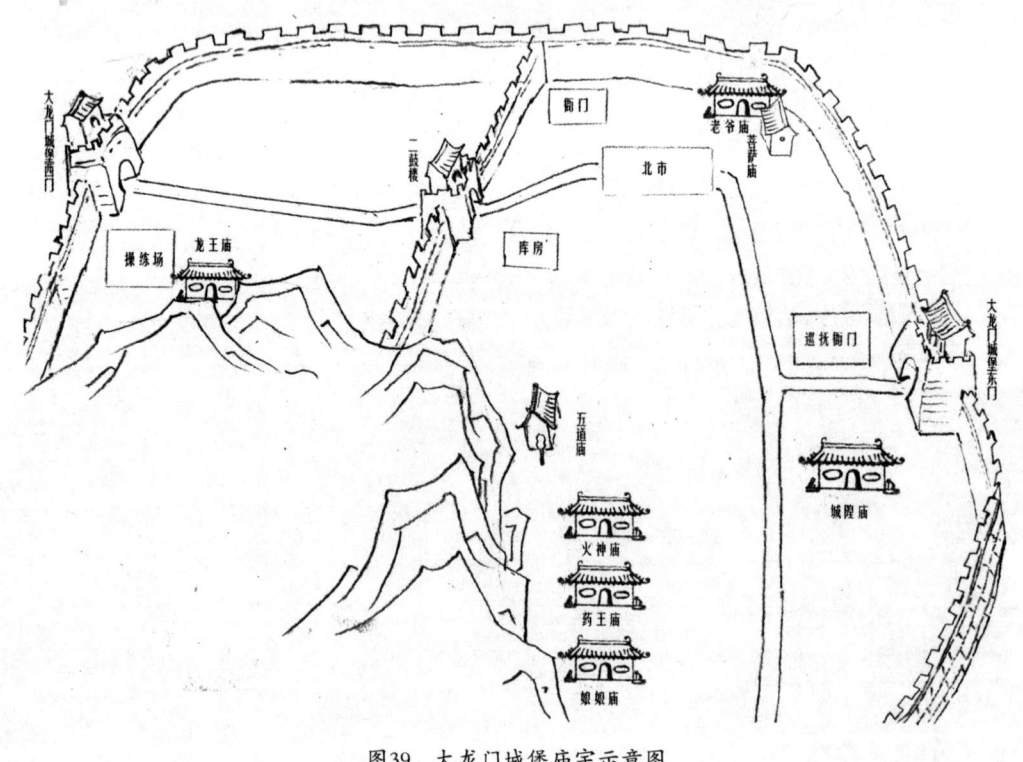

图39 大龙门城堡庙宇示意图

真武庙、河神庙、山神庙等。当地军民相信无所不能的神灵会护佑他们平安顺遂和战无不胜。

1. 老爷庙

老爷庙是关帝庙的俗称，村里老人都称呼"老爷庙"，是为了供奉三国时期关羽而兴建的。人们称关羽为"武圣关公"，义薄云天、战无不胜的关公已经成为中华传统文化的一个重要组成部分，是万千民众的道德楷模和精神寄托，尤其是在科学不发达的古代，武将信奉关公成了标配，例如在明代长城沿线，只要有驻军的地方基本都有关帝庙，大龙门也不例外。

大龙门的老爷庙在城堡的东北角（现张志臣家位置），有三大间，像故宫一样的琉璃瓦，前出一廊。庙里正坐关公，左边关平，右侧周仓。东面有一库房，里面放有石碑，记有功德。庙前有一碑，碑座为龟形的异兽，大门朝南。

2. 菩萨庙

菩萨庙不大，与老爷庙同在一院，相当于老爷庙的东庙，房子坐东朝西。出了庙门，在墙的南侧就是钟楼，在菩萨庙的南面，与菩萨庙成一直线，钟楼里面挂着一大钟。

3. 龙王庙

龙王是中国古代神话传说中治水的神，在科技不发达、靠天吃饭的年代，龙王是很受老百姓欢迎的神。信奉龙王在古代颇为普遍，旧时龙王庙几乎与城隍庙、土地庙同样普遍。每逢大旱不雨，或者久雨不止等水旱灾多时，民众都要到龙王庙烧香祈愿，以求龙王治水，风调雨顺。

大龙门村也不例外，城堡内建有龙王庙，在大龙门的最西头，进了西城门的右手是衙门操场，再往南的山坡下是更早的龙王庙的所在地，有房三间，内有青、白、黄、红、黑五条龙。夏国友老人记事时还有，现在龙王庙的遗址还有存留。

4. 娘娘庙

在古代，中国有很多不同的文化信仰，形成了不同的民族文化，从古至今流传了很多故事。娘娘庙是中国民间香火最为旺盛的寺庙之一，所供主神，各庙有所不同。古时大龙门娘娘庙里供奉有三个娘娘，正坐为送子娘娘，两旁分别为送花娘娘与天仙娘娘。清明节娘娘庙有庙会，许多人来上香请愿。由此可以推测，随着当地战事减少，常住居民越来越多，在这片土地上繁衍生息，那段时间人们生活相对稳定。

娘娘庙在大龙门的最南头，坐西朝东，靠山体而建，三大间，与老爷庙一样的形式，前出一廊。娘娘庙左侧北面有一间厢房。大门中间朝东，左右各有一棵大槐树，五级台阶进庙，进庙还有三级台阶。

村里拆庙从老爷庙开始，村里拆，学生也拆。拆完老爷庙就拆娘娘庙，拆娘娘庙大约在土改（大龙门是1947年土改）前后，据夏国友（1937年生）老人讲，那时他还是小孩。拆娘娘庙时，村里发动人们去拆，赵武，赵克忠都去了。拆完村里又在原址重盖，一直未断过。现在村里娘娘庙仍然存在。

5. 药王庙

"药王"是中国民间对古代名医的尊称。我国历史上被称为"药王"的有多位。其中比较著名的有春秋时期的扁鹊、汉代的华佗、唐代的孙思邈、韦慈藏、韦善俊、韦古道等。在医学还不够发达，缺医少药的古代，这些名医被不断神化，被供奉为药王，并设庙祭祀，统称为药王庙。大龙门的药王庙在娘娘庙北侧，为一大间，属于小庙。

6. 火神庙

药王庙再往北就是火神庙。两庙并排，都不大。

"火神"是中国民间俗神信仰中的神祇之一，中国有火神祭祀的风俗，不同地区，历史文化不同会有所不同，相关的民俗信仰也有不少差别。人类文明的进程，从人类能够利用火开始。远古时代，人类见火焰而感神奇，利用火驱赶猛兽、烧烤食物、取暖等等，拜火为神灵。但是火的不易控制给人类也带来许多灾难，于是在多数是木造建筑的古代，人们建火神庙的最主要原因是出于对火的畏惧。

大龙门城堡作为军事要隘，依山而建，无论是军事基地，还是山上都需要防火。建火神庙也是出于对火的畏惧，希望跟火神搞好关系，得到火神庇佑，使城堡、山林等免遭火灾侵害。

7. 城隍庙

进了东城门往南走不远就是城隍庙，旧址在现今张庆丰家院前30米，路东，距离东城墙大约四五十米，到东门与南门的距离也差不多为四五十米。城隍庙坐北朝南，有一个小院子，但无墙无大门，只有一个台阶。一般只有到县的级别才建城隍庙，在大龙门城堡内也建有城隍庙，可见此处的级别绝不是一般的村镇。龙王庙拆毁后，天旱求雨，这里还当过一段时间的龙王庙。

古代，城乃有水的城池，隍乃无水的城池，后来合二为一，就有了城隍。再后来，民间信奉的守护城池之神被称为"城隍"。"城隍"大多由各地民众推崇和爱戴的，对地方有功的英雄或名臣充当。传说"城隍"有消灾解厄，定国安邦的才能。道教认为"城隍"具有"惩恶扬善、保卫一方疆土"的功能。历史上大龙门的城隍庙香火旺盛与大龙门是边关要塞有直接关系。

8. 五道庙

五道庙就是供奉"五道将军"的庙宇。清末以前，北方几乎每个村都有一个五道庙，村里有人去世了，就来这个地方报丧。民间有顺口溜："五道庙里报个庙，城隍庙里挂个号。"五道庙多数建在村子的边缘地带，但也有建在村中间的三岔口的地方。大龙门的五道庙正建于此，进东门顶头的丁字路口，与东门相对，依山而建。夏国友老人的记忆里庙门口有一棵古槐树，两人抱不严，最大的一棵树分五杈，在树杈中心长出一棵小桑树，约10厘米左右粗。五道庙的旧址为现在的张宪友家的地，南为赵辅新家。新中国成立后，国家提倡破除迷信、解放思想，五道庙的供奉活动逐渐停止。

9. 真武庙

真武庙在在大龙门城堡的正北阳明山上，坐北朝南大庙，有东西厢房，钟楼，里面有铜、铁两口钟。据《二圣碑记》记载，真武庙始嘉靖三十六年（1557年）建玄帝行宫二所，禅堂三间，厢房二间，三十八年（1559年）又修建圣母神祠一所，塑像周完，巍然足以。现在山上还有遗址，一座石碑较为完整。

庙内分别供奉真武大帝、碧霞元君。《二圣碑记》记载："诸公者虽先后任事之不同，或内帑之施，或工役之助，均用意以成今日之典也。" 内帑，指皇帝、皇室的私财、私产。由此可知，修庙时皇室都出钱了。

10. 山神庙与河神庙

与其他庙宇相比，大龙门城堡的山神庙与河神庙规模很小。距离东城墙约0.5千米，东南方向。原先只有一间房，坐南朝北，瓦房一间，教军场一炮把一个山神的胳膊打掉了。现在张志虎养猪场的南山坡上，如今只剩下一个破台子。过了大龙门村桥，公路北向西约10米左右，有一5尺高，一米宽小庙就是河神庙。不注意很难找到。

一个小小的大龙门村共11座庙，这绝不是一般村庄具备的。在科学尚不发达的那个年代，除了村内老百姓的一般祈求外，也反映了当时驻军祈求平安的需求。城隍庙一般只有在县一级别的场所才建立。而周围只有2千米的大龙门村内就建有城隍庙，也从侧面说明了当时的大龙门城堡的重要地位。

（二）大龙门的衙门

大龙门村原有两座衙门，其中一座是巡抚来视察的办事机构——巡抚衙门，在东城门进门右手几十米的地方，大约就是现在的村大队部所在地。巡抚衙门在民国时期就已经不在了，只有遗址。大龙门口衙门在头鼓楼与二鼓楼中间，就是现在张志阳家的位置，前有一对石狮子，一对石鼓高约四五十厘米。路南面是军火库，现在张志瑞家位置。

据村北阳明山上《二圣碑记》记载，大龙门口嘉靖年间已有钦依大龙门等口把总李著、刘继先、尹志峯、杨守承、贺慎、王立榓戍守。清代沿袭明制，一直到清末，民国废止衙门。其实，大龙门城堡到了民国时期已经衰败，不受重视，衙门只是象征性的存在着，也就二三十个兵，有时十几人；衙门里当差的比较松懈。据村中老人回忆，赵文老人（已去世）说，最后一个衙门长官叫张振候，之后再无衙门长官。关于张振候还有一个小故事。有一次龙门村（现北龙门村）的一个叫"形炳"（音）的铁匠做了错事，当然也不是什么大事，被张振候叫来审问。铁匠脾气很倔，审着审着一下子就恼了，顺手抄起一个砖头就朝张振候扔了过去，随后跑了。张大吃一惊，没想到铁匠脾气这么大，就给他起了一个外号"剌菜"，从此叫开。从这个小故事可以看出，当时的衙门已经没有什么威严了，远不如明清时期的地位。

卢沟桥事件前夕，大约1935、36年撤掉驻军，衙门解散。上级派满城县凯下村的芦坤山代表"募资局（音）"处理衙门的烂摊子，很多地卖给了当地的有钱人。其中不少被现在属于张家口的岔河村人买去了，现在大龙门村还有不少地属于岔河村的，就连城堡内都有，这都是当年的历史遗留问题。

撤掉驻军，城堡改成了村，就是现在的大龙门村。

（注：此部分内容主要根据夏国友老人讲述整理。）

四、大龙门民间传说

劳动人民创作并口头传播的文学，我们称之为民间故事，时间长了，写进书里就成了典故。民间故事的特点就是贴近生活，立足现实，并有一定传奇性，但其主题、角色与主要情节都符合故事传播时的生活逻辑。在我国民间流传的许多脍炙人口的民间故事中就有不少与关隘有关的故事，如三国英雄关云长过五关斩六将，大宋年间杨家将守三关抗辽兵，明末吴三桂奉命驻守山海关，只因一怒为红颜，投降清军，等等。这些都已成为我国民间文化的一部分，也是关隘文化的重要组成部分。

在大龙门同样也有民间故事传说。比如关公显圣的故事。抗战时期刘家沟村的南寇带日本人来大龙门村，走到三道城的地方，突然关公显圣，吓跑了日本人。故事的广泛流传，与老百姓的某种美好期盼或美好愿望无不关系，他们无不盼着清官出世为民说话，所以那些清官的故事在百姓中广为流传，无不盼着好人有好报，恶人得到应有的惩治，因此善有善报恶有恶报。这成为人们生活的一种寄托。

（一）关公显圣

抗战时期，日本人来过两次大龙门，但都没有真正走到。

其中一次，日本人得知老九团正驻扎在北龙门（就是大龙门的邻村，距离大龙门有一华里）。当时，老九团的负责人肖云九、肖克分别在北庄、盘坡住着。日本人想偷袭拿下这两个点，是来这里的主要目的。当时，这里全是山路，比较偏僻难走。于是，日本人就找了一个外号叫"南寇"的人来当向导。南寇带领日本人走的龙门峡谷，这里地势异常险要，易守难攻，可以说一夫当关万夫莫开。当走到三道城时（就是龙门峡谷里的"万仞天关"的地方），日本人不免心里也紧张恐惧。这时，抬头一看，隐隐约约看到关公正拿大刀，胡子飘飘然，一只脚岔东，一只脚岔西，威风凛凛在那里把守着。关公突然显圣，吓得日本人四散而逃。

当然这是个传说，但这个外号叫"南寇"的还真有其人。南寇本姓王，刘家沟村人，上岁数的一些老人还有认识的。不清楚为什么有这样一个故事。应该也是老百姓的一种美好愿望吧。

（二）账房先生张玉智的故事

大约清朝末期，张志深的祖上有一个叫张玉智的，在大龙门口衙门当账房先生。

有一次，镇厂兵团（义和团）派人来向大龙门借炸药，账房先生张玉智掌管库房，不想借给，于是就写了一个纸条："小团见信，炸药有，不借给。"来人看罢非常恼火，这不是故意气人吗，就想借机报复。于是，立刻返回镇厂，带了许多人来衙门算账。但是，还没走到城门，远处就看到东门城墙上站的都是穿着清朝老服装的的士兵，还有关公、王朝、马汉等都站在了城墙上，来人一看还是衙门权力大，就给吓跑了，没敢进城。

这当然也是传说。通过这样故事的描述显示了大龙门不一样的地位。

（注：此故事是赵文讲给夏国友的）

（三）灯会由来传说

皇上发布告，抓一个外号叫"黄毛"的人，布告上有画像，分发到各个衙门。谁要是抓到这个"黄毛"并上交，赏赐一个官坐，当不了文官的，可以当武官。

大龙门村里有一个外号叫"张大楞"的人，腰里别着一个大斧子，特别敢干，经常上山打围，抓个山猫、野兔的。他整天没事就上山干这个。有一天清早他到上天沟去，来到了一个有大湖的地方，上面有山泉。这时抬头一看，突然看到山上不远处冒烟，他觉得很奇怪，上山也不晚，这时怎么会有人生火做饭呢？他就躲躲闪闪，拐弯抹角偷偷的往冒烟的地方走去。等走近了看到几个人正围着一堆火烤干粮吃呢，其中一个人特别像布告上通缉的黄毛。这时他想起布告上说的谁要捉拿到了这个人要官给官，要钱给钱。他就慢慢地摸到那个人的身后，冷不丁拿起大砍斧就是一下，把黄毛的脑袋砍了下来。可把这伙人吓坏了，其他人落荒而逃，一个也没有抓住。张大楞就带着这个人的脑袋下山交给了衙门。衙门负责人对着布告图像一比较，很像，应该就是他。于是一级级往上转报，最终，转到了皇上那里。皇上一看就是这个人，非常高兴。就打发一个姓黄的官员来查找立功的人。张大楞以为自己杀错了人，结果吓病了。来人把情况一说，你给朝廷立了功，抓的就是这个人。皇上问你想要什么样的官？张大楞胆小，又觉得自己没什么文化。就说："文官、武官我都不要，钱也不要。"在这种情况下，皇上就给他发了一顶带绿顶子的帽子，每年就可以按顶子领取俸禄。平时什么也不用做，每年只有三天的官可以坐，就是灯官。朝廷还给灯官发了一张灯谱图，图谱画有361个灯，代表一年360天，最中间有一个最高的中心杆挂中心灯，代表月亮或太阳，有一年四季风调雨顺，大丰收的意思。这个图后来起名八卦九宫灯。灯会规定每年农历正月十四、十五、十六这三天，不管衙门里来了多大的官见了张大楞都得文官落轿，武官下马。这三天衙门里停止一切工作，如果有案子由他来接管。耍钱的、吃喝嫖赌的等凡是这村里犯的事都由他审理，审理不了的，由衙门里掌权的来协助。

后来张大楞死了，灯官就由村里老百姓轮流做。转灯、煽灯、请表演的、有节目的、管理安全的等，其实这一年下来事情挺多的，每年由八家来联合管理。下一年的灯官都是提前定出来了，十年一转。

关于灯会张大楞的传说是哪个朝代的事没有人说的清楚，这个事都是从村里老人那传下来的，一代传一代，也没有表述具体是哪个朝代，时间久了也就不知道了。走在大龙门村，问村里上岁数的老人大都知道这个故事，只是有的人讲得详细，有的讲得简略，大同小异。有的村民善于言谈表达，有的不善表达，但说起这个传说他们都知道。

我一直想灯会的九宫八卦图与驻军的排兵布阵应该有某种关系，问村里人都说不清楚，还有人表示灯会有好几个名字呢，应该两回事吧。

（四）真武庙铜钟的传说

在大龙门村正北的阳明山上有一座真武庙，坐北朝南大庙，分别供奉真武大帝、碧霞元君。有东西厢房、钟楼，规格较高。钟楼里有两口钟，一个铜钟，一个铁钟。铁钟有八九百斤重，五尺高的人扣在钟下碰不到顶子。

传说，一天夜间，和尚正睡着觉，突然听到空中"嗡嗡"作响，就出门看怎么回事。这时看到铜钟飞到空中去了，那个铁钟也要往起飞，和尚着急了，就给了铁钟一锤，打掉铁钟的一个脚，铁钟就落下来了。悬浮到半空的铜钟就飞走了。

钟飞到了张家口宣化。宣化有个钟楼，据说钟楼里的铜钟就是这个，因为上面写着大龙门村口。村民说，现在宣化钟楼也旅游开发了，允许看了，有人去看过，现在还有。

具体为什么传说铜钟是飞去的，真实情况不清楚。

注1：满城县凯下村的芦坤山是大龙门村老书记张志深的说法，夏国友老人说是沧州人芦坤山，到底芦坤山是哪里人已无从考证（夏国友老人2020年腊月去世）。

注2：这些故事主要根据夏国友老人讲述整理。

下篇：
龙门峡摩崖石刻考

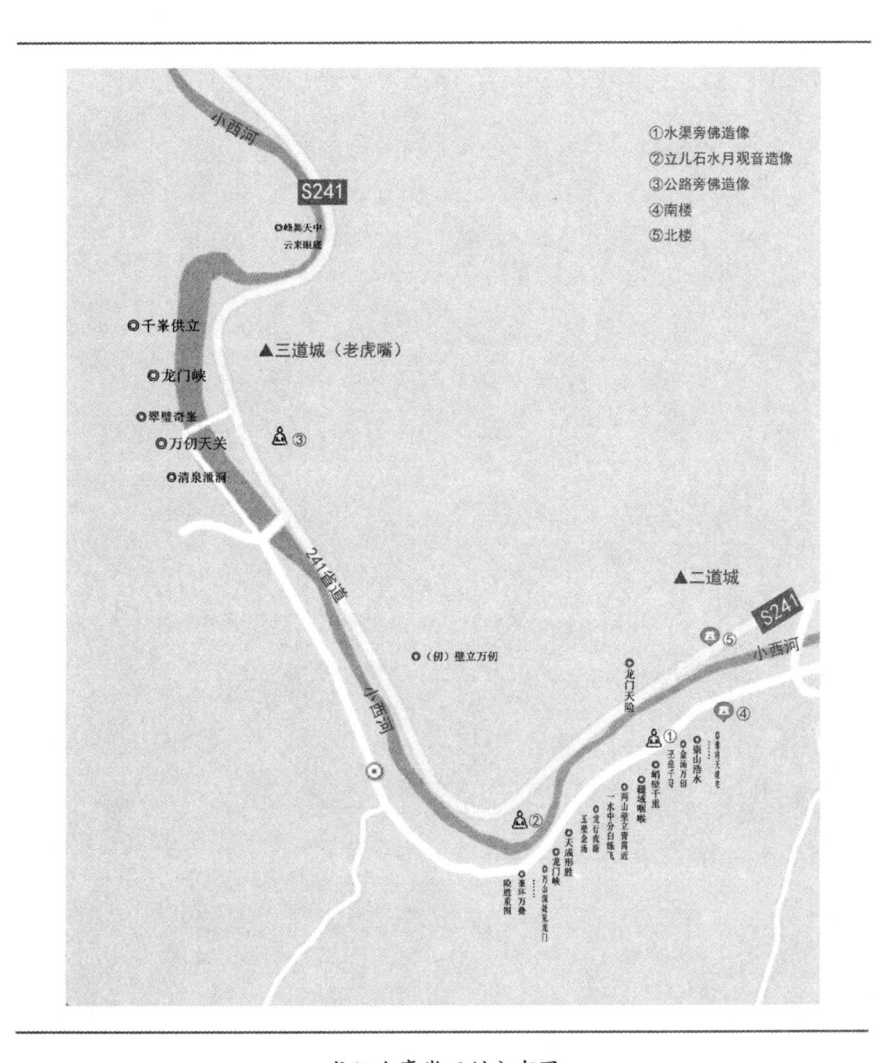

龙门峡摩崖石刻分布图

序文

近江商事事件判示

一、佛造像

（一）立儿石造像（图40）

在龙门峡的中部，小西河东岸的公路下方，河谷的低洼处有一独块巨石，高约丈余。上面有一宽约80厘米，高约50厘米，深约10厘米的长方形佛龛。佛龛右下有一以线造型的水月观音造像，线条飘逸，味道古拙，当地人称为"立儿石"。

图40 立儿石水月观音 佛造像

造像左侧有两行竖排六个字，似是"梨鬼石，刘顺记"，字体古拙纯朴。"梨"与"立"是什么关系？查证多方资料并没有找到它们的直接联系，分析有可能为音译，毕竟它们的音相似，只是音调不同而已。"儿"字的异体字有很多写法，此处写得有点像繁体的"見"字，仔细辨认应为"儿"的异体字"兒"。六个字应该为造像的题名与题刻者的姓名落款（图41）。

图41 立儿石水月观音佛造像落款

  立儿石还有一个传说。相传，九天王母屡生闺秀，渴盼一子。但王母娘娘生了一个又一个，生到第七个还是女儿。故此寝食不安，愁眉不展。于是，玉帝、王母找如来佛询问生子之道。如来指点到："人间有一龙门天关，于溪流之侧有大石，名曰立儿石，石上有方孔，欲问子嗣，可投石问之。三投三中，则儿女满堂。三投两中，只生男丁；三投一中，只生女儿；三投不中，儿女皆无。"

  一日，玉皇大帝携王母娘娘下凡来到了龙门峡，于云端下望，但见"两山壁立青霄近，一水中分白练飞"。玉皇大帝叹曰："真乃人间仙境！"王母娘娘心事重重，无心玩赏，来到龙门天关的小溪河东侧，见到这块巨石，石上果然有一凹下的长方形石坑。王母娘娘向石坑投石，三投一中，自知无儿之命，于龙门天关最高处的望儿领上叹道："命中无子，唯寄望于众女！"

  当然，这只是民间传说，但也体现了当时人们的迫切需求与美好愿望。明朝初期实行军屯政策，一部分负责戍守，一部分从事屯垦。不管是戍守还是屯垦，都是男丁为宜。尤其是男尊女卑的封建社会，家家更是希望生男孩。

（二）水渠旁佛造像

现在的龙门峡谷，靠近南面山体修有一条水渠，夏天常有流水不息。水渠之上断断续续题写有明清驻军将士的摩崖石刻。其中，在"峭壁千重"的左下方有一处佛造像，在水渠的掩映下，若隐若现，如今只能露出佛像的头部，不细心还真很难找到。这是20世纪六七十年代"农业学大寨"时期修水渠垫高了地基，把佛像给遮挡了。如今要想看到佛像及周围环境的全貌，还得借助赫达·莫里逊的照片（图42）。

佛像处于二道城与三道城之间。从莫里逊这张1936年拍摄的照片中可以看出当年这里的河滩乱石嶙峋，比较荒芜，除了石头还是石头，不像现在台阶甬路，绿树成荫，还时不时能听到游客的欢声笑语。石壁上遗留的方形插空、长条状缝隙说明最早在佛像之上建有木质佛龛，随着岁月的流逝，渐渐腐朽，最

图42　赫达·莫里逊1936年拍摄水渠旁佛造像远景

后脱落，至民国时已荡然无存。细看此尊佛像为阿弥陀佛造像，结弥陀定印。阿弥陀佛是净土宗的，他成就的佛土是西方极乐世界，民间信仰较多，对老百姓的吸引力很大。

石刻造型洗练，全以线雕刻，佛像双臂下垂，大耳垂肩，神态安详，右边有侍者。此尊佛像与张家口龙门崖辽代线刻菩萨相比，从造型风格到外观木质佛龛的构建，有诸多相似之处。至民国时期，佛像上方的木质佛龛早已无存，说明古代在此守关的将士并未重视，他们虽然祈望太平安定，向往和平生活，但是并没有把这种希望寄托在此。

（三）公路旁佛造像

在峡谷的对面，S241公路上方有一尊佛造像（图43）。此尊造像坐于莲花宝座之上，神情镇定自若，双臂下垂，双手交叉持手印状，放于盘腿中央。佛像为单线雕刻造型，线条圆润，技法娴熟，雕刻虽不算精细，但神像简洁庄严。

这是龙门峡谷除摩崖书法外的三尊摩崖佛造像。明清之际，为了保卫京师的安全，这些驻军长期生活在城堡之中，高压的生活，枯燥又单调，生活及其简单。这三尊佛像全部处于二道城与三道城之间，方便驻守官兵平时祈福，祈祷关隘安全。祈望安全，求佛祖保佑是士兵们的最朴素愿望。石壁上题写的振奋人心的摩崖石刻，三道防线的坚固筑防，山上的炮台、滚木礌石，可知他们并没有沉溺其中，这只不过是心理安慰罢了。

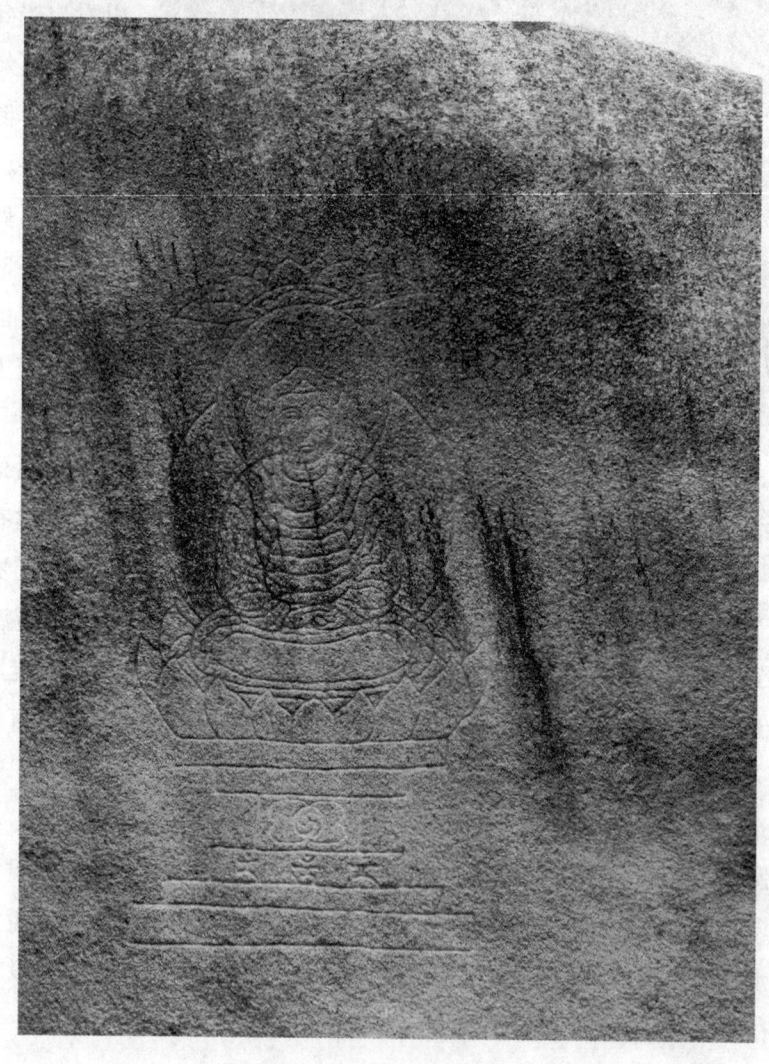

图43　S241公路上方佛造像

二、历代摩崖题刻

（一）万仞天关（图44）

"仞"本意为古代长度单位，周制八尺，汉制七尺。"万仞"形容山极高，"天关"指地势险要的关隘。"万仞天关"很形象地描述了龙门峡石壁陡峭，山高峻险。

图44　"万仞天关"

"万仞天关"题写在了三道城的石壁上，在崖壁上凿出横式匾额形状，为四字阴刻楷书，字体硕大，气势磅礴，每个字字径均高200厘米以上，为龙门峡摩崖石刻中最大的一处。其右上方是"翠壁奇峯"，再右方"龙门峡""千峯供立"。此处石壁正如题词描述，高耸入云，高达万仞。由于地壳运动形成的直上直下的大断面层，异常陡峭，具备自然天险，让人望而生畏。此处最具"一夫当关，万夫莫开"的气势。石壁上可以看到被水流冲刷过的印迹，下乱石嶙峋，杂草丛生处有清

古隘书风——河北龙门峡摩崖石刻研究

泉流过。

"万仞天关"作者贾三近（1534—1592），山东峄县（今枣庄市峄城区）人，字德修，号石葵，别号石屋山人，明隆庆二年进士，官至都御史兵部右侍郎，为龙门峡摩崖石刻作者中最有名的一位。贾三近是一个文韬武略兼备的饱学之士，精通兵法又善诗词与写作，且作品颇丰，但多有遗失，现在有记载的有奏疏、杂文等三十余篇，碑记、诗词等十余篇。其诗歌在《明诗纪事》《明诗踪》《滕县志》《峄县志》当中有记载。另据张远芬先生考证，《金瓶梅》的作者兰陵笑笑生即贾三近。

据记载，贾三近巡抚保定，恰逢河北大旱，饿殍遍野。贾三近体恤百姓疾苦，上疏朝廷开仓放粮，赈济灾民。期间，他在河北广设粥棚救助百姓，并写下《煮粥法》和《救荒檄》。在贾三近巡抚保定时，深得民心，受到当地百姓的尊重与爱戴。史料记载他曾经两次来大龙门巡察，"万仞天关"题刻于明万历乙酉（1585年），为贾三近来大龙门的有力佐证，时年51岁。

"万仞天关"笔力饱满遒劲，洒脱隽秀，气势如牛，但又文韵十足，有颜体风韵。落款为阴刻楷书（图45），历经四百多年风雨已经风化残缺，隐约可见：

落款："万历乙酉□月都御史□□贾三近书"

经查证相关史料考证为明万历乙酉（1585年）望月都御史贾三近书写。落款处"御史"与"贾三近"之间约有两字距离石壁残损剥落，字迹不可考。不过按照古人的书写习惯应与作者的籍贯或字号有关。贾三近号石葵，别号石屋山人，又称太史氏、兰陵散客、宁鸠子、贞忠居士、如如道人等，两个字的只有"石葵"。贾三近字德修，籍贯峄

图45 "万仞天关"落款

县，但在他传世的书法石刻作品里没有出现过籍贯或字。目前留存在世可考的落款有"石葵贾三近""峄如如道人贾三近""石屋主人贾三近"等，名字前两个字的只有"石葵贾三近"。因此，此处的落款"万历乙酉望月都御史石葵贾三近书"的可能性最大。

（二）崇山浩水（图46）

进了景区不远，在"谁将天姥宅，劈作云嶙峒……"这片模糊不清的摩崖石刻再往里走，大约七八米就是景区的第二处摩崖石刻。于陡峭的崖壁上横题"崇山浩水"四个阴刻楷书大字。由于山体常年渗水的原因，崖壁潮湿，泥垢填满了石头的表面，一定程度上掩盖了字体的痕迹，如不细看，很难发现这处摩崖石刻。"崇山浩水"四周卷草缠枝纹边框已经漫漶不清，落款也已经模糊不清，不能辨认。

图46 "崇山浩水"（涞水文保所供图）

"崇山浩水"的作者身份较为特殊，为钦差看练两门军马太监李明善。

明朝初期，明太祖朱元璋对宦官管理严苛，明令禁止太监读书识字，但从永乐帝朱棣开始，逐渐重用宦官。宣宗朱瞻基在位时期，设置内书堂，令学官在宫内教授太监习字读书，从此改变了明朝太监不得识字的祖制。所以，在这个时期的太监识字读书便不足为奇。皇帝为了加大对武将的制约，设立镇守内官，增派太监镇守边镇。皇帝派遣自己信任且在宫中地位较高的太监，担任监军，代表皇帝镇守边

下篇　龙门峡摩崖石刻考

镇，经常对武将进行监督，这就形成巡抚、总兵、镇守太监三权并立的领导体系，是明代边镇军事管理体制的特有现象。通过对这处摩崖石刻的研究，我们也可以更加了解明代边镇统制下太监出镇边地的那段历史。"崇山浩水"的作者李明善是众多的钦差太监中的一员，从其官衔"军马"太监来看，应该是宣德以后的事了。因为此时期文臣开始参预各边军务，内官职权变小，被抑制在"操练军马，修理边墙"的范围之内。

在古代，宦官直接听命于皇帝，他们在宫中是皇帝的心腹，耳濡目染中，皇帝的审美标准就成了他们的审美标准。明成祖朱棣之后，皇帝们都喜欢台阁体的代表——沈度的字，那么宦官们的书法审美受其影响是必然的事情。被派往地方镇守的太监大多数都是较有学识的，仔细辨认"崇山浩水"字体出规入矩、转折分明，提按清楚，有明显的台阁体影子，这是由他们所处的历史环境所决定的。从其用笔法度严谨中可以看出李明善具有相当的书法功底与素养。

（三）金汤万仞　玊垒千寻（图47）

"金汤万仞 玊垒千寻"这八个大字在"崇山浩水"的右边1.5米处，它的右侧七八米处是"峭壁千重"。此八个大字竖式题写，分两行，每行四个大字，字体为楷书阴刻，字径约75厘米。四周有双排边框，内用卷草纹图案作为装饰。落款已经模糊不清，不易辨认；笔力雄健，有柳体遗风。

据考证，作者为明代钦依守马水口总兵吕志如，其生卒年月不可考，官职为皇上依准的马水口关口总兵。明清时期马水口原属易州涞水县，位于现在的河北省涿鹿县，大龙口的西南方向，距离大龙门二三十里路。历史上，大龙门口有段时间曾经在马水口的统领之下。

"金汤"形容城池险固。"仞"为古代长度的单位，一仞为周制八尺，汉制七尺，"万仞"形容山高。"玊"，基本释义有四种：有瑕点的玉；琢玉的工人；西番国名；古姓氏。此处用的是"玊"（音sù），而不是"玉"，并不是别字，如不注意分辨，很容易看错。"玊"与"玉"二字不同——点在右下为标准的玉字，在右上为玊字，似玉非玉，表示此玉"有瑕疵"。琢玉者拿着此玉，首先想到如何处理这个瑕疵点，或琢去或利用之，引出新义"琢玉的工人"便顺理成章。"垒"，古代军中作防守用的墙壁。"寻"除了有找寻的意思外，还是古代的长度单位，一寻等于八尺。"千寻"，形容山极高。西晋文学家左思在《吴都赋》有："擢本千寻，垂荫万亩。"

此处摩崖岩石为花岗岩，皆为整块，表面相对平整，易于题刻。但为什么用"玊"来形容岩石是有瑕疵的玉？是形容岩石好看？还是岩石的表面特征？不得其解。

图47 "金汤万仞 王垒千寻"（涞水文保所供图）

下篇 龙门峡摩崖石刻考

（四）峭壁千重（图48）

"峭壁千重"位置位于阿弥陀佛佛像的右斜上方，龙门天关景区进门的第五处。它的右侧上方10米左右是"疆域咽喉"，左侧七八米处是"金汤万仞，王垒千寻"。此四个大字横题一行，阴刻楷书，四周有极简的单线边框装饰。题字左右都有款识，均因为年代久远，已经风化，字迹模糊不清，不可辨识。"峭壁千重"作者为都门王世兴，生卒年月不可考。据载，此题刻为作者大明万历四十六年（1618年）岁春二月十五日题写。

图48 "峭壁千重"

"千重"，出自《后汉书·马融传》："羣师叠伍，伯校千重。"宋代陆游《长相思》诗篇中也有引用："云千重，水千重，身在千重云水中"。"千重"指千层，层层迭迭的意思。"峭壁"即陡峭的山崖。"峭壁千重"来形容山势陡峭，层层叠叠。此题字题刻在陡峭的崖壁上，距地面较高，更加显示了地势的陡峭天险。观该石刻的书法极具特点，字体简洁、端庄有力、绵里裹铁，受明代台阁体书风之影响出规入矩，清秀中透着朴拙，十分凝重坚实。透露出武将自然率真的特有气息，非常形象的概括出了龙门峡由于大断层产生的天险地貌。"峭壁千重"字体硕大，每个字字径大约100厘米，题刻于龙门峡高高的陡峭崖壁之上，历经四百余年的风风雨雨，已经与龙门峡的自然环境有机融为一体。

作者王世兴生卒年月不可考，官职为总兵。相对而言，武将带兵弄械是本行，文臣舞文弄墨最擅长。但在明代，却出现大量武臣习书题写之风，善书者不在少数。通过此石刻也从一个侧面说明明代武臣善书风气之炽。

（五）天成形胜（图49）

"天成形胜"楷书阴刻而成，字径大约80厘米。自右至左横式匾额形状，外边框双勾，内饰缠枝蔓草纹。左侧落款："都门何继文题"六个字，没有纪年款识。由于年代久远，同样出现风化现象。"天成形胜"四个大字楷书中略带行书的笔意，字体丰厚雍容、柔中带刚，体现了明代武将的儒雅之风。

"天成"，指没有人工雕饰，自然而成，意思是合于自然。"形胜"，谓山川壮美、地理位置优越，地势险要。"天成形胜"既有描述龙门峡山川壮美之意，又形容龙门峡具备自然的有利形势。

作者何继文为明万历武进士，时任钦依大龙门把总指挥，生卒年月不可考。据《明神宗显皇帝实录卷》之四百一十记载："万历三十三年降原任黄崖口提调何继文为保定大龙门把总。"就是说在万历三十三年（1605年）何继文从原来的"黄崖口提调"降任为保定大龙门的把总。把总在明代是个七品武官，官阶不高。从龙门峡留存的明代武官摩崖石刻可以看出，当时武官们也很注重文学修养，表现出文武兼备的鲜明特点。印证了明代武将习书的风气，这为研究当时历史提供了直观的资

图49 "天成形胜"（涞水文保所供图）

料。也对后人有激励作用，激励一代代年轻人热爱祖国的大好河山，做保家卫国，文武兼修的国之栋梁。

"都门"作为官名在明代历代史料中并没有查到。但"都门"这个词并不是唯一出现，龙门峡还有一处"峭壁千重"的作者王世兴同为"都门"。另外，在抚宁长城也有一处摩崖石刻题写"天险华夷"落款为都门周文柄题。说明明代"都门"这个官职还比较普及。但为什么没有记载，不得而知。

（六）龙行虎踞 玉壁金汤（图50）

"龙行虎踞，玉壁金汤"竖式题写，楷书阴刻。两行，共八个大字，字径大约50厘米。四周单线边框简单装饰。落款已经模糊不清。上款："□□□□□十月吉日"。下款隐约有字迹，但已经无法辨识，经考证作者为万历武进士钦依大龙门把总指挥何继文。

"龙行虎踞，玉壁金汤"遒劲有力，威武端庄，具武将书法气息。农历十月，农忙已过，守关将士在无战事的情况下，用书法与石刻形式赞美边关风貌，抒发爱国情怀。这也反映出明朝时武将文韬武略兼修的时代特征。

"龙行虎踞"原意像龙行走，像虎蹲守。这里用巨龙出行的姿态和猛虎虎视眈眈蹲守的样子来形容龙门峡峡谷深邃幽长，崎岖蜿蜒及两侧

图50 "龙行虎踞 玉壁金汤"

山崖壁立千仞、陡峭险峻，极言地势雄伟险要，有气势，既鼓舞士气又震慑敌军。"玉壁金汤"的壁为"壁"的异体字，"壁"此处指陡削的山崖。此"玉壁"不是"玉璧"，突出此处自然天险的壮美，"金汤"金属造的城，滚水形成的护城河。形容工事无比坚固。"玉壁金汤"意在形容大龙门关口雄壮威武、固若金汤。透露出守边将士对祖国大好河山的讴歌与深厚的赤子之心、家国之爱。

（七）龙门天险（图51）

"龙门天险"在龙门天关景区外，位于S241公路东侧，景区对面的小循环路口处。在高约数丈的陡峭崖壁上阴刻竖式"龙门天险"四字，字体行楷，字径约50厘米，四周无边框。落款在左侧，有些模糊不清："□□□□氏郇人何东序"，前

图51 "龙门天险"（远景）

古隘书风——河北龙门峡摩崖石刻研究

几字不可辨认。

"郇"音旬，中国周代诸侯国名，在今山西省临猗县西南。何东序，字崇教，号肖山，猗氏人，就是现在的山西省临猗县。作者落款：郇人，也就是作者的家乡猗氏县（1954年原临晋、猗氏县两县合并成临猗县）。

作者生卒年均不可考，嘉靖三十二年（1553年）进士，曾经任徽州知府。后以右佥都御史的身份巡抚延绥。母亲去世后，居丧三年。之后出来做官，又因为忤逆当时的重臣高拱而丢官，归隐乡里近四十年。去世后，他的弟子门人私下给他的谥号叫文钦。何东序喜作古乐府，著作颇丰，平生所作诗文集超百卷：有《九愚山房诗集》十三卷；《四库总目》流传于世。其不仅爱好诗文、擅长诗歌创作，在诗选、府志方面都有辑著；在军事方面也颇有才能，曾纂集、刊刻了《益智兵书》等军事理论著作。可以说，何东序既有文才，又有武略，文武兼

图52 "龙门天险"落款

备是一位不可多得的人才。至于何东序什么时间巡抚或者驻守过大龙门，史料中未查到。何东序是众多摩崖石刻作者中文学成就较高的一位，他的书法作品也透露出与众不同的艺术气息。

"龙门天险"四字（图53）笔画圆润，笔笔中锋，只转不折，似秃笔所写，但

又笔酣墨饱、挥洒自如，散远沉静中透出作者文雅之气息。字体微向右上倾斜，生动洒脱，浑若天成；既没有追寻明代流行的台阁体，又与武将的古拙雄奇大不相同，字里行间透露出作者较高的文学修养，游刃有余的书法功力和独特的个人风貌。

图53　"龙门天险"

（八）清泉泻涧（图54）

"清泉泻涧"四字位于三道城"万仞天关"的左侧几十米处。石面常年被雨水冲刷，不见阳光，腐蚀严重，石面漫漶不清，已经变成黑黑的粗糙石面，极难发现。"清泉泻涧"四字已经与崖体完全融为一体，要不是借助2012年的《探索发现·龙门天关石刻》视频反复观看，确认大体位置，就是站在面前也很难发现。现在，"万仞天关""清泉泻涧"这一带小西河的流水常年在山脚下流过，不能靠近。也许是人们都被"万仞天关"的视线所吸引，更是忽略了旁边较小的，字迹又极其不清楚的"清泉泻涧"。

"清泉泻涧"字径大约20至30厘米。字体阴刻，楷书中有一定隶书的味道（图55）；描绘了龙门峡的美好风光，体现了驻守将士对美好生活的向往。作者何人？年代久远，字迹模糊不可考。

图54　"清泉泻涧"

图55　"清泉泻涧"示意图

（九）两山壁立青霄近，一水中分白练飞（图56）

"两山壁立青霄近，一水中分白练飞"，做竖式二行题刻，阴刻楷书，每个字字径大约100厘米，四周做双线凹刻边框，内饰蔓草纹。落款处已经风化模糊不清，不可辨识。此"壁"字写成𰐞，为"壁"的异体字。在古代异体字中较为常见。古人为了追求字体的美观，往往调整汉字形体结构，变化写法。此处"壁"字因构件"土"的移位导致"辛"拉长，加强了字体竖式之美。

此处摩崖石刻的作者不可考。但从书法角度来看，笔力圆浑流畅、敦厚端正、运笔简洁畅然、潇洒俊逸，可以看出作者的书法功力与文学修养。此七言绝句对仗工整，两山——一水，壁立——中分，青霄——白练，近——飞，非常形象地描述了龙门峡谷的天然险峻与秀美之境。两山像刀劈的一样壁立着，异常陡峭，拔地而起，高入云端；湛蓝的天空似乎距离很近，一湍瀑布从中一分为二，像"白练"一样飞泻而下，很有气势，描写出大龙门自然环境之壮美，非常有意境。

龙门峡谷一共二十来处摩崖石刻，其中提到"壁（璧）"字的有五处，分别为"峭壁""玉璧""翠璧""壁立"两处，占摩崖石刻总数的四

图56 "两山壁立青霄近，一水中分白练飞"

下篇　龙门峡摩崖石刻考

分之一，描写了龙门峡的的险峻与壮美，两边峭壁耸立，石质光洁坚硬阳光下如同璞玉，十分壮美。陡峭的崖壁是自然天险，却也风光无限。经历了几百年的风风雨雨的题刻与险峻的崖壁浑然一体，相得益彰。

（十）峯环万叠、险胜重围（图57）

"峯环万叠，险胜重围"采用竖式题写，分两行共八个大字，字体楷书，字径大约100厘米。题字用双勾阴刻法，似双勾，笔画中间阳凸，增强了立体感。外围约十五厘米宽双线边框，内有装饰蔓草纹。左侧有楷书落款，由于年代久远，有不同程度风化，距离地面较高，不易辨认。

"环"指围绕。"叠"形容山重峦叠嶂。"峯环万叠"形容龙门峡谷山峰围绕，重峦叠嶂，描述了龙门峡谷的景色美不胜收。"重围"出自《三国志·吴志·太史慈传》："冒白刃，突重围。"意思为层层包围。"峯环万叠，险胜重围"的上半句对大龙门的大好河山进行了高度的艺术概括，下半句话锋一转，描述了龙门峡谷的险要。

"峯环万叠，险胜重围"笔画中规中矩，入石三分，结体朴拙，点画有刀斧意，体现了明代武将的书法功底（图58）。

图57 "峯环万叠、险胜重围"

图58 "峯环万叠、险胜重围"局部

(十一)疆域咽喉(图59)

"疆域咽喉"题写在"峭壁千重"的右边斜上方,前面有悬崖上的杂树遮挡,距离地面较高,直上直下,不细看很难发现。

"疆域咽喉"字径大约50厘米,四字楷书阴刻从右至左横题,单线边框,左右似都有落款,可惜距离地面较高,石面风化,不可辨认。

"疆域",国土、国境,意指领土的范围或面积。"咽喉",此处比喻险要的

图59 疆域咽喉

交通要道。"疆域咽喉"非常形象地描述了龙门峡的重要性与天然的险要。

明朝前期常年的征战,民生凋敝,明朝廷的边防思想中最基本的内容为"守备为本"的边防政策,但是"土木堡之变""庚戌之变"使朝廷意识到北方边关以及首都防线竟然如此薄弱,于是下定决心大规模修建从山海关到大同沿线的内长城防线。龙门关所在之处正是内长城的所在地带。

"隆庆议和"后,明朝和蒙古鞑靼部结束军事冲突,建立起短暂的和平局面。驻守官兵得以休养生息,修筑边关,刻石题字,但是他们并没有忘记自己驻守边关的使命。把自己驻守的边关比喻为"疆域咽喉",耿耿军魂深深嵌入摩崖文字之中。

(十二)峰舞天中,云来眼底(图60)

"峰舞天中,云来眼底"这八个大字在"万仞天关""千峰供立"的右前方,三道城的转弯处,也就是现在的涞水县与涿鹿县的交界处。此八字竖排两行,自右至左,每行四字,共两行八字,落款已经模糊不清,不可辨认。四周有双排边框,内有花草图案做装饰。字体行书双勾阴刻而成,笔画中间凸起,上有红漆,应为近人所为。据原大龙门村支书张志祥讲,1985年时,为开发旅游曾统一刷过一遍红漆。

"峰舞天中，云来眼底"这八个字有一定争议，许多地方写为"峰舞天中，云飞眼底"，网上还有"云生眼底""云收眼底"。1986年涞水县地方志编纂委员会办公室编的《涞水三坡志》、2000年北京燕山出版社出版的《涞水县志》里均记录为"云飞眼底"。到底是"来"还是"飞"，或是其他字？

从字面意思理解，"云来眼底"更直接，"云生眼底"意境更好，"云飞眼底"更浪漫。似乎"云来眼底"、"云生眼底"、"云飞眼底"都说得过去。通过实地考察，拍摄高清图并仔细辨认，应该是先刻的"生"，后改刻的"来"。（图61）到底是古人当时改的，还是后人改动，已经无从考证。从字义角度来考证，与之字形相似的"来""生""收""飞"似乎都可以。查阅明清时期书家书法进行比对如表5。

表5　字体对比

字	石刻	参照1	参照2
生	电脑还原	徐渭的"生"字	八大山人的"生"字
来	现在的	米芾的"来"字	文征明的"来"字
收、飞	选了两个最近接的字型	董其昌的"收"	董其昌的"飞"

从上表可以看出,"生"字的写法与现有的字形有着显著的区别,首先被排除。而通过电脑还原原先的字形,不难看出原先写的是"云生眼底"。"收"与"飞"字形与原刻石字形区别也较为明显,"云收眼底""云飞眼底"也可以排除了。通过比较,书法里的"来"字写法最为接近,故应为"峰舞天中,云来眼底"。

图60 "峰舞天中,云来眼底"(涞水文保所供图)

图61 "峰舞天中,云来眼底"局部

"峰舞天中,云来眼底"笔力秀劲,风格逸雅清静,清爽中带着刚毅。"云来眼底",云无心出岫,各种形状都有,取其自由自在,无规无矩的形态。"眼底"近在眼前,触手可及。"峰舞天中"即峰舞中天,有力度。取其做大字,如张三弟闯辕门,无拘无束之性格,不被人拘束,放得开,写得活。"峰"远在天中,"云"近在眼底,一远一近,一刚一柔,意境高远。"云来"、"峰舞"是此图意也。到这，我们慢慢可以体会到"峰——云、舞——来、天中——眼底"，对仗非常工整。"来"在"舞"面前翩翩而至，显的更为优雅，"飞"来的太快了，"生"有点莫名其妙，"收"就更没有意境了。也许作者在写完"峰舞天中，云生眼底"后，某日突然顿悟，灵光一现，神笔一挥"峰舞天中，云来眼底"就出现了。

（十三）千峯拱立（图62）

"千峯拱立"位于三道城陡峭的崖壁上，竖题"龙门峡"的右侧，在垂直的石壁上凿出横式匾额形状，双勾边框，上下窄，左右宽，内填单线卷草纹饰。题字为四字阴刻楷书，字径约140厘米，其大小仅次于"万仞天关"。"千峯拱立"石刻位置较高，落款有不同程度风化，不易辨认。经考证，左侧落款为"镇守保定总兵官上谷倪尚忠题"13个字，没有纪年款识。

"拱立"，肃立，恭敬地站着。"千峯拱立"极言龙门峡之庄严肃穆，雄壮威严。字体端正、气象盛大、自然舒展中又不失朴拙雄浑，透露出文武兼修的武官特有的气息。此处摩崖石刻作者倪尚忠（1550—1609），为明代宣府龙门卫（今张家口赤城县）人。此人原籍江苏淮安。据载，他的先辈倪凯曾任指挥佥事奉镇守宣府镇龙门卫，倪尚忠继承家学，自幼习武，生的威严端庄，仪表堂堂。隆庆元年（1567年），年仅17岁的倪尚忠世袭了指挥佥事，开始驻防张家口赤城县一带，可谓年少有为。倪尚忠于万历十九年（1591年）十月初出任镇守保定的总兵官。万历

图62　"千峯拱立"

二十年（1592年），日本关白（宰相）丰臣秀吉掌权后，举兵由海路进犯朝鲜。事出突然，明王朝紧急调倪尚忠出任驻守天津的总兵官。由此可以推测出，"千峯拱立"题字应该是倪尚忠在1591年十月至1592年之间所题，是倪尚忠调任驻守天津总兵官之前的作品。

（十四）翠璧奇峯（图63）

"翠璧奇峯"为四字阴刻楷书，字径约40厘米。地处龙门峡谷的三道城，在"万仞天关"的右上方，再右边是"龙门峡"。左右均有阴刻款识，但都风化模糊不清。隐约可见：

上款"两山峙立□（维？）千古"

下款："一水横流□（延？）□□

□□□□□"

关键处的作者落款风化严重不可辨识。题字不落干支年款，而在主体题刻字的两边一边再题一句诗（图64），这种形式还比较少见。从残留的诗句可以体会到是描写龙门峡谷自然风光的。

"翠"，绿色的意思。"璧"，美玉的通称。此处是"璧"而不是当墙壁解释的"壁"，如不细看，极易弄错。"翠璧"，直译为绿色的美玉。"峯"同"峰"，为"峰"的本字，峰为"峯"的异体字，山端也。"奇峯"来形容山峰奇

图63 "翠璧奇峯"

古陉书风——河北龙门峡摩崖石刻研究

异、奇特。"翠壁奇峯"来形容这里的山峰清秀奇特、苍翠欲滴，就像翠绿的美玉一样。

图64　"翠壁奇峯"上款

图65　"翠壁奇峯"下款

"翠壁奇峯"四个字题写在直上直下的悬崖峭壁之上，位置较高。字体端庄秀丽，笔酣墨畅，有柳体遗风，雍容中带有坚定，体现了作者扎实的书法基本功。只可惜左侧的下款风化严重（图65），距离地面又较高不可识。作者也就不可考。

此处的崖体直上直下是因为亿万年前的地壳运动，形成了花岗岩中的大断层面。峡谷两壁直上云霄，高度远远大于宽度，形成自然的天险。崖体石壁为褐色砂岩质，有些颗粒感。至今石壁上还残留着水流冲刷过的层层痕迹，可想

下篇　龙门峡摩崖石刻考

当年这里的水很湍急，又是防御的禁区一定会很幽静，山清水秀，布满绿阶。就像唐代顾况《苔藓山歌》所写的："野人觉后长叹息，帖藓粘苔作山色。"这也就不难理解为什么题写"翠璧奇峯"了。

（十五）龙门峡（横题）（图66）

此处"龙门峡"为横式题写，阴刻楷书，字体直径大约100厘米，与三道城处的"龙门峡"遥相呼应。石刻年代与作者不可考。

题刻上还残留着20世纪80年代的斑驳红漆。由于题刻上方长满杂草灌木，山体夏季受雨水冲刷，泥浆布满了石头表面，一定程度上掩盖了字体的痕迹，有的地方甚至被填满，非常模糊不清。此石刻字体端庄规整，中规中矩，石刻前面绿树成荫，在一片树荫的掩映之下，若隐若现，游览者如不仔细观察，很难发现。

此处依山而建的城堡形似蛟龙，峡谷似门。除了两处题名为"龙门峡"外，还有四处题刻提到了"龙"。"龙"在中国传统文化里有特殊的指代，是汉族最具代表性的传统文化之一，是中华民族精神的象征，我们也常说，我们是华夏子孙，龙的传人。全国取名"龙门"的地方很多，此处的"龙门"既有国门、都门之意，也有两山峭壁对峙，形如门阙之意。

图66 "龙门峡"（横题）（涞水文保所供图）

（十六）龙门峡（竖题）（图67）

龙门峡谷共有两处题刻有"龙门峡"三字，一处为楷书横题，一处为竖式题写。此"龙门峡"为阴刻竖式书写三个大字，字体行楷，字径大约120厘米。三字地处龙门峡谷的三道城布防处，"翠壁奇峯"的右下方。题字大约与"万仞天关"在一个水平线上，但前面乱石嶙峋，相对距离地面较低，夏天常有溪水，很难靠近。左侧有落款，但石面风化，距离较远，模糊不清，不易辨认，作者不可考。

龙门峡谷二十来处石刻规整的楷书居多，此处为行楷，字体较为活泼自由、洒脱。

图67 "龙门峡"（竖题）（涞水文保所供图）

（十七）（仞）壁立万仞（图68）

龙门峡的摩崖石刻大多数在一进龙门天关景区的左侧，而峡谷的对面也有几

图68 （仞）"壁立万仞"

下篇 龙门峡摩崖石刻考

109

处,"(仞)壁立万仞"此处石刻正在对面,立儿石的正上方。茂密的树林掩映之下,若隐若现,如不仔细观察很难找到。尤其是夏天更是难寻。此处应为"壁立万仞"四字,站在峡谷对面,我们隐约看到"仞壁立万仞"五个字,难道是石匠刻错了?不可考证。

字体楷书阴刻,字径大约80厘米。左侧有落款。上面还残留20世纪80年代描的红漆(图69)。

对于龙门峡描述的"壁(璧)""万仞"都是常用的字。"壁"有五处用到,"万仞"有三处。此处是形容龙门峡谷石壁陡峭,高达万仞的自然天险。

图69 (仞)"壁立万仞"局部

(十八)古代和节氏漫赋(图70)

万山深处见龙门,石壁嵯峨俯塞垣。下有清流常不竭,上无丛蔓可能援,
鸾翔绝顶青霄近,豹隐重岩紫雾繁。应是宝符曾无秋,金城千里壮京原。

——古代和节氏漫赋

大概意思是:密林掩映的群山深处可见京都的门户——龙门天关,从山巅俯视,可以看到长城、古堡。山下有常年不会枯竭的溪水,崖壁上面没有丛生的藤蔓可以攀援。凤凰飞到高高的山顶与云天相接,凶猛的豹子躲在层叠的巨石之后和雾霭之中,让人不易察觉。忠诚勇敢的将士守卫着京师的门户。捷报不断传到千里之外的京师。

这首七言绝句,双线边框,内饰蔓草纹。对龙门天关的壮美和大龙门城堡的地势险峻进行了艺术性的表达。

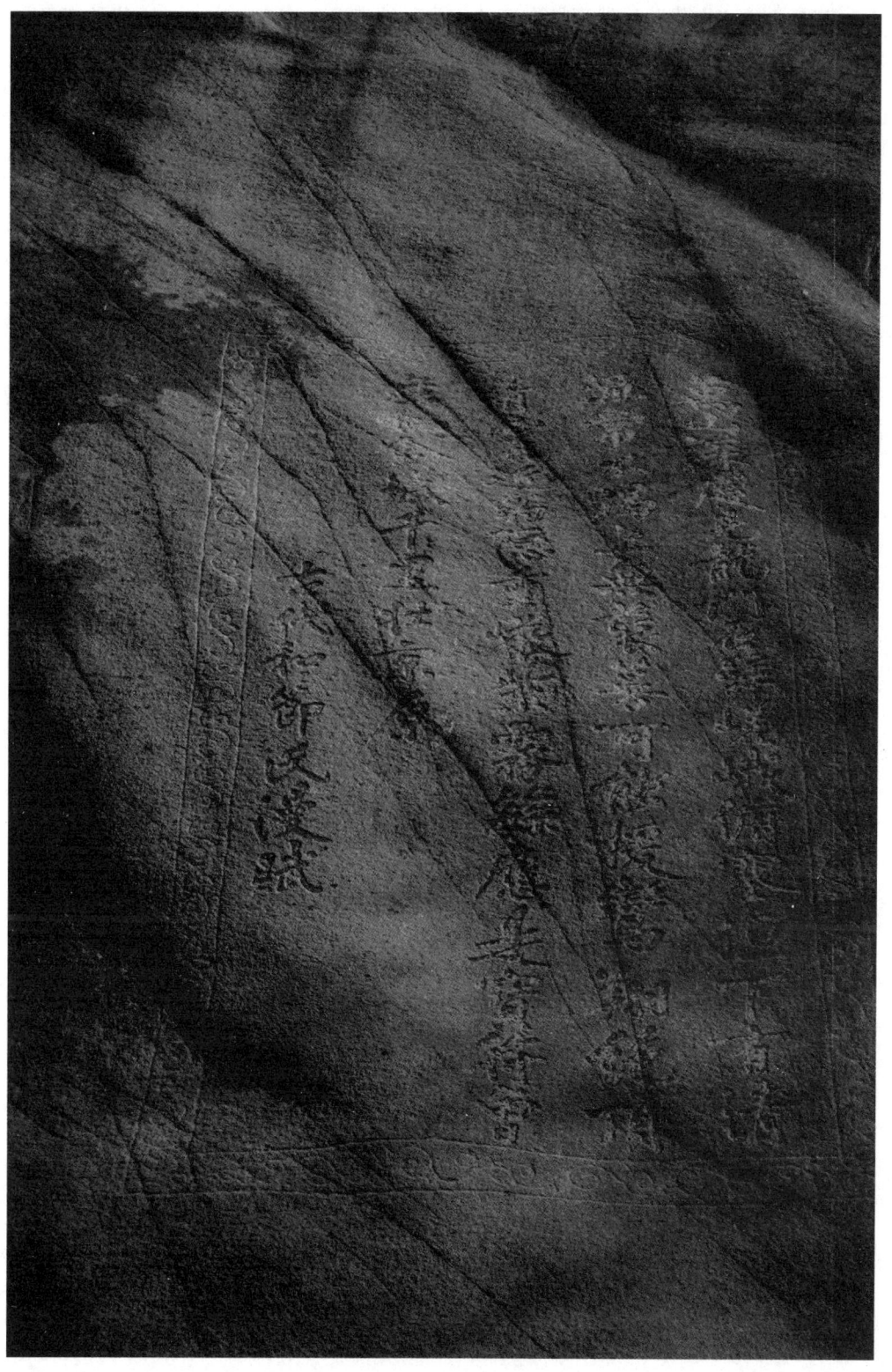

图70 古代和节氏漫赋（涞水文保所供图）

下篇 龙门峡摩崖石刻考

落款中的"古代"显然不是今天"古代"的意思，应为：古——古代的意思；"代"为古地名。与"代"有关的古地名有代县、代国、代郡、代州等。"和"应为作者的姓氏，按照古代书写习惯，"节氏"应为作者的字。所以作者应姓和，字节氏。"漫"为没有限制、随意的意思。"赋"，我国古代的一种讲究文采、韵律的文体，侧重于写景，借景抒情，兼具诗歌和散文性质。"漫赋"为作者的谦虚的说法，有让别人赐教的意思。

代县与代州

　　翻阅史料，秦朝时代县才开始建县，初始名称为广武县，西汉时期属代国管辖。代县原名代州。隋开皇五年（585年），隋文帝杨坚废雁门郡，并改肆州为代州，代州始称于此。后几次更迭名称，唐乾元初年（758年）复称代州，从此代州之名称一直延续到明洪武二年（1369年），降代州为代县，八年后复升为州至清末。民国元年，废代州，称代县，直属山西省，后又经历多次与其他地区合并、分治，1961年代县与繁峙分治，再次成为独立县至今。山西的代县称谓最早出现是明洪武年间，经历短暂的8年时间又重改为代州。代州是民国前至隋朝之间的主要称谓。

　　代州与现在的代县是同一地方，在今山西代县。从地理位置可以判断，代州应该不是摩崖石刻中提到的"古代"。而代国与代郡，公元前196年前都城一直是代王城（今河北蔚县代王城）。只是不同时期，管辖疆域范围有所变化。

代国与代郡

　　"代国"作为地名由来已久，此地在历史上战争频发，名称更迭频繁。历史上曾经有多个代国与代郡，明人尹耕《代国考》："山北之代，旧国也，始于商汤，历代因之。"这是第一个代国，故址在现在的山西大同县与河北蔚县一带，其都城代王城在今河北蔚县代王城镇。战国之初，公元前475年赵襄子举兵灭代国，后来赵武灵王在代国这个地方设代郡。此后"代国"、"代郡"两个名称多次更迭。

　　公元338年，代郡士人燕凤、许谦辅佐拓跋氏复兴代国。公元376年前秦灭了代国。代国灭亡十年后，于公元386年正月复国，拓跋珪即代王位，四月拓跋珪改称魏王，从此代国国号改为魏，史称北魏。拓拔代国是历史上最后一个代国。虽然拓跋政权改国号为"魏"，但是鲜卑人仍习惯称自己为"代人"。在传世石刻史料中存有大量以"大代"为国号的用例，可见"代"在鲜卑人的文化中具有特殊的涵义。

"和"姓起源古老，是一个多民族、多源流的姓氏群体。"和"姓起源的历史原因复杂，与官职、和氏璧、少数民族汉化改姓氏有很大关系，不下十几种，其中有一种为源于鲜卑族。南宋史学家郑樵撰写的《通志·氏族略》中记载："后魏有素和氏，改为和氏。"史料记载，南北朝时期，北魏鲜卑族的贵族素和氏随孝文帝南下，定居河南洛阳后，在当时汉化政策的影响下改汉姓为"和"。这支和氏后来在代郡成为望族。

代郡也，都城就是现在的河北省蔚县古城东二十里处的代王城镇。现在代王城内还遗存明代堡门，栱券上嵌有石匾额，阴刻"古代"两个楷书大字，落款"正德十年原建，嘉靖二十一年重修"。该村村民郝进财说，这是当时的村民们为追念古代国，敬仰自己的祖先而镌刻。

综合判断，摩崖石刻文中提到的这个"古代"应为拓跋政权时期的"代"，因此，这个和节氏的祖先应为鲜卑族。历史上不同时期都有各族人民入仕中原，对于民族融合起到了推动作用。这是此处摩崖石刻背后承载的历史与文化。

（十九）谁将天姥宅……（图71）

"谁将天姥宅，劈作云嶙峋。焦尾惊千叠，桃花映一津。空光摇白练，暮霭动青旻。拟作龙门似，硌砑见爪鳞。"此首诗在龙门天关景区的进门第一处，紧挨着二道城的南楼遗址。现在已经风化不清，夏天透过斑驳的阳光，在柳荫的映照下，如不细看很容易被飘过。龙门峡摩崖石刻大多为驻守武将所题，题写短语，题词较多，像题整首诗的很少，整个峡谷题诗只有两处，此为其中之一。

"嶙峋"形容山石峻峭、重叠。焦尾琴，中国古代四大名琴之一。"千叠"，犹千重。"空光"指阳光。"白练"喻指若白绢一样的东西。"暮霭"，黄昏时的云霞与雾气。"青旻"青天。"硌"（音luò），山上的大石。"砑"为犬牙形的石头。

是谁将天神的宅院劈成了高耸重叠的云，焦尾琴声响遍山谷，惊起千层浪潮，桃花盛放与渡口相映成趣。阳光跳动，波光粼粼，飞瀑荡漾，水光接天，青天广阔，暮霭流动。眼前真的似是龙门，大石之上浮现龙爪与龙鳞。该诗描写了大龙门的美好自然风光。只是年代久远，无法考证何人所写。

古隶书风——河北龙门峡摩崖石刻研究

图71 "谁将天姥宅……"（涞水文保所供图）

参考文献

论文

1. 杨景春.古代雄关与关隘文化［J］.湖北文理学院学报，2013（04）.
2. 江舸.四川摩崖石刻演变及其现代旅游价值［J］.兰台世界，2012（05）.
3. 陈玲玲，谭传凤，胡静.摩崖景观的旅游功能分类及开发初探［J］.桂林旅游高等专科学校学报，2007（10）.
4. 李东.桂林散碑石刻保护研究的现状分析及可行性探讨［J］.桂林师范高等专科学校学报，2015（04）.
5. 范熙晅.明长城军事防御体系规划布局机制研究［D］.天津：天津大学，2015.
6. 李丽颖.科举制度对书法艺术的影响［D］.石家庄：河北大学，2009.
7. 方波.宋元明时期的"崇王（羲之）观念研究"［D］.北京：中国美术学院，2008.
8. 陈佳.清代朝廷书法研究［D］.长春：吉林大学，2013.
9. 刘金亭.明代石刻书法研究［D］.长春：吉林大学，2015.
10. 刘斌.从出土楼兰简纸看其地域书风［D］.郑州：河南大学，2013.
11. 杨祥全.明清之际的"武臣好文"、"文士论兵"现象及其武学成就［J］.搏击·武术科学，2012（08）.
12. 王少华.浅论我国古代关隘旅游资源的开发——以河南古代关隘旅游资源为例［J］.桂林旅游高等专科学校学报，2006（05）.
13. 韦占彬.朱元璋的边防思想及其对明代边防的影响［J］.邯郸学院学报，2005（04）.
14. 胡丹.明代"九边"镇守内官考论［J］.中国边疆史地研究，2009（02）.
15. 郗韬.多方开拓，成就颇多——论明代诗人何东序的文化贡献［J］.运城学院学报，2017（01）.
16. 祝延峰.摩崖石刻保护及研究［J］.黑龙江史志，2013（04）.
17. 彭图.今代县与代、代国、代郡、代州之关系［J］.五台山，2018（01）.
18. 杨丽琴 韩连赟.代王城与古蔚州［J］.旅游，2017（12）.
19. 申柳莹.粤方言字"嘅"探源［J］.汉字文化，2020（05）.

20. 蔚县博物馆.代王城城址调查报告［J］.文物春秋，1997（03）.

21. 王雅维.北朝"代人"研究［D］.天津：天津师范大学，2020.

著作

1. （日）宇野雪村.中国书法史（下）［M］.北京：人民美术出版社，1998.

2. 河北省文物局长城资源调查队.河北省明代长城碑刻辑录［M］.北京：科学出版社，2009.

3. 涞水县地方志编纂委员会.涞水县志［M］.北京：北京燕山出版社，2000.

4. 涞水县地名办公室.涞水县地名资料汇编［M］.涞水：内部资料，1983.

5. 涞水县文物管理所.涞水历代石刻拓本图录［M］.涞水：内部资料，2018.

6. 涞水县文化广电和旅游局.七十年前涞水老照片［M］.香港：中国国际文化出版社，2019.

7. 涞水县地方志编纂委员会办公室.涞水三坡志［M］.涞水：内部资料，1986.

8. 李占义.抚宁长城［M］.北京：五洲传播出版社，2013.

9. 臧云浦，朱崇业，王云度.历代官制、兵制、科举制表释［M］.南京：江苏古籍出版社，1991.

10. 常生荣主编.兵家要地：中国名关新考［M］.北京：中国友谊出版社，2013.

11. 李严，张玉坤，解丹.明长城九边重镇防御体系与军事聚落［M］.北京：中国建筑工业出版社，2018.

12. 李楠.中国古代关隘［M］.北京：中国商业出版社，2015.

13. 吴晗.大明帝国兴衰史［M］.成都：四川人民出版社，2019.

14. 张金梁.明代书学铨选制度研究［M］.上海：上海书画出版社，2008.

15. ［日］松下宪一.北魏的国号"大代"与"大魏"//［M］.于氏.北魏胡族体制论，北海道大学出版会，2007.

16. 黄绍雄.代国代郡通志［M］.北京：中华书局，2015.

17. 肖东发.雄关漫道：北方的著名古代关隘［M］.北京：现代出版社，2014.

18. 肖东发.长城关隘：万里长城的著名关卡［M］.北京，现代出版社，2014.

19. 彭勇.明代班军制度研究——以京操班军为中心［M］.北京：中央民族大学出版社，2006.

20. 刘洪涛.中国古代士兵生活与征战［M］.北京：商务印书馆国际有限公司，1997.

21. 李占义.抚宁长城［M］.北京：五洲传播出版社，2013.

22. 河北省文物局长城资源调查队.河北省明代长城碑刻辑录［M］.北京：科学出版社，2009.

附录一　二圣碑记

二圣"指天仙碧霞元君、北极真武玄天上帝，是道教所尊奉的神。二圣碑是二圣祠门前的一个碑，位于大龙门村正北的阳明山上，当地人称呼二圣祠为真武庙。

此碑于隆庆四年（1570年）岁次庚午五月立。碑文记载二圣祠建于嘉庆三十六年，有禅堂三间、厢房二间；嘉庆三十八年又修圣母神祠一所。二圣祠的始建与重修，得到了皇帝恩准与布施，由驻守大龙门城堡的武官主持，可见此碑的规格之高。二圣祠的兴建还得到了当地善人及百姓的资助，记载了大龙门口的多位把总及大龙门口的相关信息。一方面反映了道教文化传播的深远影响，另一方面反映了守关将士祈求平安的心理。

祠内原有两口钟，一铜一铁。铜钟据说现在宣化，铁钟在抗战时期兵工厂做了手榴弹。二圣祠在"文化大革命"期间被毁，现仅存碑刻及残址地基，大约1968年前拆走了上山台阶，现在上去的路都没了。

二圣碑记原文

祈建泰山天仙碧霞元君，北极真武玄天上帝行宫碑记。夫以宫室之兴，创自轩辕之代，栋宇之侈，遂及今古之繁，虽称谓有不同，悉皆为风雨之庇大龙门北山之巅，号曰明阳山峻而崎岖，高而幽静。前把总李公讳着号望山，于戎务之暇，诣此山左瞻右盼，仰而叹之乃约本口善人付崇、刘钺而语（音玉）之曰："美哉！此山之上可以建神祠也。"扵是经之营之因山势之广狭建玄帝行宫二所。禅堂三间，厢房二间，始于嘉靖三十六年也。其心犹未足焉，至三十八年李公又督同善人崇钺等修（应错别字）建圣母神祠一所，塑像周完，巍然足以为四方之观瞻殿阶全备，凛然足以起万人之敬畏，仰视之不为善，皆益以奋为善之心而有所感发，为恶者潜以消，为恶之志而有所恐惧则。

二圣行宫之建不大有益于龙门也哉！虽然望山之功固伟矣，使继之者无其人，则功烈未必如此之盛也，自是而后继把总者杨公后泉，刘公成庵，贺公双岗，尹公磻溪，王公定轩，诸公者虽先后任事之不同，或内帑之施，或工役之助，均用意以成今日之典也。然又虑，夫朝夕香火之焚无其人，而虽请金华山之僧人元成、元能、明清、明山以为主持恐养瞻（艳音）之不及也。又□同众善人等出银四两三钱买涿州民焦世隆地一段，给与本庵主持承种，以为香火之资呜呼！是举也。虽起扵望山一人之心，而实有赖乎诸公相继之扶持，诸公固可上也，而付崇刘钺心机之费龙门男女施舍之劳。闻之者，无不感也，用是观之，则之李公等倡始扵上崇钺等。乐成扵下，上下同心，神人胥悦语曰："积善之家必有余庆。"安知若等不获福扵，冥冥之中也哉。予重友人许公讳仲仓号松泉，孙公讳铭字君全，刘公讳朝松号义庵，之请又感诸公用心之诚，故为是以识（音志，意标识）。

□（者）

钦依大龙门等口把总：李著、刘继先、尹志□（峯）、杨守承、贺慎、王立极。守□……：石进忠、韩清、李芥、刘武、纪进文、邹万良。陆樊仓大使：曹良知、朱嘉成、武永秀。攒典：张尚思。

隆庆四年岁次庚午（1570年）五月壬午仲□（夏）□（吉）日林泉书。中山郡石匠：王廷臣、杨和、高廷艾、同镌。

二聖碑記

祈建

泰山天仙碧霞元君

北極真武玄天上帝

行宮碑記

夫以宮室之興創自軒轅之代棟宇之侈遂及今古之繁雖稱謂有不同悉皆為風雨之庇大龍門北山之巔號曰明陽山峻而崎嶇高而囪靜前把總李公諱著號望山於戎務之暇詣此山左右胗仰而嘆之乃約本口善人付崇劉鉞而語（夜若）之曰美哉此山也其心猶未足焉至三十八年李公又督同善人崇鉞等脩（泰懿列孚）建玄帝行宮一所禪堂三間廂房二間始於嘉靖三十六年也其心猶未足焉至三十八年李公又督同善人崇鉞等脩聖母神祠一所塑像周完巍然足以起萬人之敬畏仰視之不為善皆益以奮為善之心而有所感發為惡者潛以消為惡之志而有所珖懼則

二聖老行宮之建不大有益於龍門也哉雖然望山之功固偉矣使繼之者無其人則功列未必如此之盛也自是而後繼把總者楊公後泉劉公成菴賀公雙岡尹公碕溪王公定軒諸公者雖先後任事之不同或內帑之施或工役之助均用意以成之典也然又慮夫朝夕香火之焚無其人而雖請金華山之僧人元成元能明清明山以為主持現養瞻（泰養）之不及也又口同衆善人等出銀四兩三錢貲涿州民焦世陰地一段給與本菴主持承種以為香火之資嗚呼是舉也雖起於望山一人之心而實有賴乎諸公相繼之扶持諸公固可上也而付崇劉鉞心機之費龍門男女施捨之慶安知若等不感備於之者公等倡始於上崇鉞等樂成於下上下同心神人賛悅語曰積善之家必有餘慶安知若等不獲備於□之中也哉予重友人許公諱仲倉號松泉孫公諱銘字君全劉公諱朝松號義菴之請又感諸公用心之誠故為是以識（香志·發探義）

□（者）

李著　劉繼先　尹志□（筆）　石進忠　韓洁　李芥　曹良知
　　　　　　　　　　　　守□……
欽依大龍門□等□把總
　楊守承　賀慎　王立梗　　劉武　紀進文　鄭萬良　　陸㮕倉大使　朱嘉成　攢典　張尚思
　　　　　　　　　　　　　中山郡石匠
隆慶四年歲次庚午五月壬午仲□（夏）□（吉）日林泉書　　　王廷臣　楊和　高廷文　同鐫

附录二 大龙门任职及到访官员

大龙门比内三关还要靠近北京，一般无战事，但距离京师较近，仅二百余里，地理位置重要，事关京都安全。因此，明清各朝都视为军事要隘。为此，明朝曾派要职官员视察关防和督筑城垣，正是因为大龙门古隘的重要性，来大龙门巡察官员、驻守戍边武将众多。清袭明制，一直到光绪末年才废止。任职官员中传说有36个武进士，17个武状元，均为皇帝钦点。通过查证相关资料，有记载的如下。

隆庆四年（1570年）《二圣碑记》

钦依大龙门等口把总：李著、刘继先、士志□、杨守承、贺慎、王立极

守口：石进忠、韩清、李芥、刘武、纪进文、邹万良。

陆樊仓大使：曹良知、朱嘉成、武永秀。

攒典：张尚思。

万历三年孟冬《重修二圣碑记》：钦依大龙门等口把总指挥会事张文明

《重修石王庙碑》：大龙门司厅把总 □永胜

东门城堡匾额《都门屏寿》万历十年十月（1582年）

巡抚保定副都御史 阴武卿

巡按直隶御史 顾尔行（万历进士，大名府推官）

总理紫荆按察使 曹子登

镇守保定总兵都督 白福

分守马水参将 刘允庆

直隶保定府管关通判 杨守介

大龙门把总《新建题名碑记》

张文明，号龙泉，真定神武卫□□。

杨□，号东□，保定后卫指挥。

大司纬，号登高，永平卫人，由武进士。

□三余，号后湖，亳州卫人，陞任山东都司。

□邦臣，号献斋，沂州卫都指挥，由武进士陞任白石口守备。

候殿邦，号镇庭，保定左卫人，由武进士。

谢烺，字淑梅，号诚斋，系保定后卫指挥使，中式丁丑科武进士，万历拾伍年捌月初陆日到任，陞任仪真县守备。

刘登洲，字翰□，号晋轩，直隶神武右卫千户，由己丑科武进士万历拾□（玖）叁月贰拾日到任，贰拾贰年捌月内陞任德州守备。

王□信，字惟诚，号思敬，羽林□□指挥同知，直隶临淮人，万历二十二年七月内由蓟□□把总推陞□□□□，二十五年九月内陞天寿山守备。

□四，□□陕西□德□，万历二十五年十月二日到任，

傅新民，号敬斋，系太原前卫指挥佥□□万历□□□年正月二十日到任，三十□十月□奉　□告病养亲回□。

吴万善，号北□，直隶新安卫指挥佥□由监生，万历三十九年十月内到任

张文学，号隆庵，直隶天津左卫世袭指挥同知，万历四十五年正月十五日到任。天启元年十月内陞横岭城守备。

冯宗京，号心渊，浙江山阴县人，中式辛亥科会举第一名，天启元年十一月初一日到任，天启四年八月内推陞（同"升"）山西桦林守备。

韩弘誉，号东海，广平府广平县人，□□武举，天启四年十二月十四日到任，崇祯三年八月内陞都司管独石守备事。

杜汝咨，字兴仲，号豁如，江西抚州府崇仁县籍，锦衣卫人，□中式丁巳科会举推陞令赋于崇祯三年十月内到任，五年三月内告病。

张大化，守泽行顺天人，龙□卫指挥同知，崇祯辛未科三甲之名□□□陞龙门，崇祯五年四月内到任，崇祯七年功陞都□余书仍管□总，崇祯□十一月内推陞定标选□游击将军。

萧权，号闇（同"暗"）然，□□直□宁□府□县人，□辛未科第三甲第七名武进士，于崇祯八年十二月内□龙门于九年二月初八日到任，十一年八月为回籍。

任之远，号毅初，系浙江金华府东阳县人，直隶天津卫籍，崇祯丁丑科武进士，于十一年九月十九日到任。

赵惟忠，号景唐，系山东莱州府高密县人，□将材于崇祯十二年八月十九日上任，于崇祯十三年八月内陞怀来督标九营游击。

孙誉□，号梨庭，顺天府人，永清右卫，世袭千户，崇祯拾叁年玖月初壹日到任，崇祯拾肆年拾贰月内陞保定总镇策援中军都司□书。

陈其湖，□□□

李生胤，

古隘书风——河北龙门峡摩崖石刻研究

李春

□经

张翰几

张斗□

杨云《古马水口》：

大龙门营盘千总：李柱

龙门峡摩崖石刻

都御史兵部侍郎贾三近。

钦依大龙门把总指挥都门 何继文

钦差看练两门军马太监 李明善

钦依马水口总兵 吕志如

督门　王世兴

郇人　何东旭

保定总兵官上谷　倪尚忠

到访过的有：《西关志》作者王士翘、明末画家徐渭。

由于年代久远，一些重要石碑不知所踪，现存石碑又都有不同程度的残损，许多字迹不可辨认，多数的摩崖石刻落款风化不可辨，导致许多信息无法考证。

附录三　赫达·莫里逊镜头下的大龙门

赫达·莫里逊（Hedda Morrison，1908—1991）生于德国南部的斯图加特，著名女摄影家。1933年她在慕尼黑学完了摄影课程，并具备了一定摄影经验。此时她根据一份摄影刊物上的招聘广告，只身来到了北京，开始了她的摄影师生涯。1933—1946年她在中国度过，足迹遍布北京、山东、大同、正定、热河、保定、陕西华山、胶东、南京等地。所到之处，皆用心拍照，为当地留下了与历史文化有关的珍贵影像资料。内容涉及到各地风光景物、风土人情、建筑、人物等。作为专业摄影师，莫里逊除了有较好的技术和经验之外，她也拥有较好的设备和器材。因此，她的这批照片无论拍摄技术还是成像质量具有较高的艺术性和质量。为我们研究当地历史文化提供了弥足珍贵的可视性高质量图片。1991年赫达·莫里逊去世后，亲属根据遗嘱将她在中国期间拍摄的1万多张底片与6000多张作品照片捐给了美国哈佛大学燕京图书馆。后来，燕京图书馆将这些照片翻拍，传到网上供下载研究，我们今天才得以看到八十多年前的大龙门风貌。

赫达·莫里逊

古隘书风——河北龙门峡摩崖石刻研究

  1936年,28岁的赫达·莫里逊,来到了据马河畔,拍摄了大量野三坡人文风光照片。作为一个来自西方的洋人,以她特有的观察角度,拍摄了一些在当时我们熟视无睹的、习以为常的民风民俗,今天来看已经成为非常珍贵的历史资料。赫达·莫里逊在涞水的主要拍摄地为九龙镇,足迹遍及大龙门、桑园涧村、北边桥村、罗府窖村、大泽村、岔河村、圣米石堂村、拒马河、龙门峡等。从下面的一组照片可以看出,大龙门城堡上的敌楼早已无存,城门口也看不到驻军的士兵,也没有了明清时期严防的阵势。龙门峡里的北楼也无驻军。据大龙门村的夏国友老人讲,大约1935、1936年大龙门撤掉衙门驻军,也就是赫达·莫里逊来大龙门的那一两年。这之前大龙门还有衙门,不过也就有一二十个当兵的,只有逢年过节或者有事才去,平时没事可以不去,简直比现在上班还轻松,军事意义已不同往昔。

大龙门东门远景

  赫达·莫里逊的很多照片再现了当年大龙门的建筑、居民穿着习俗等场景。比如多张照片拍摄女子盘头、耳环头饰,让我们了解当时的民风民俗。照片中的二道防线北楼,龙门峡谷的佛造像等。现在北楼(见图龙门峡谷·北楼)已经无存,佛造像由于修水渠淹没了大部分,现在只看到一个头。

我们要感谢这位德国女摄影师，通过她的镜头让我们真实清楚地看到了八十多年前的大龙门。在那个物质条件相对匮乏的年代，她给我们留下了弥足珍贵的图像资料。她用手中的镜头以一种庄重的态度表达了热爱生活，热爱中国的个人态度。

龙门峡谷·北楼

拒马河

附录三 赫达·莫里逊镜头下的大龙门

125

古隘书风
——河北龙门峡摩崖石刻研究

大龙门城堡东门洞

附录四　大龙门及周边散落的历史遗物

重修二圣祠记碑

古隘书风——河北龙门峡摩崖石刻研究

重修二圣祠记背面檀越芳名

新建题名碑记

附录四 大龙门及周边散落的历史遗物

古隘书风——河北龙门峡摩崖石刻研究

《新建题名碑記》碑头

碑帽

村子里散落的建筑构件——柱脚石

石柱脚侧面图案1

附录四

大龙门及周边散落的历史遗物

古隘书风——河北龙门峡摩崖石刻研究

石柱脚侧面图案2

西城门附近散落的石柱

明代娘娘庙建筑构件

附录四 大龙门及周边散落的历史遗物

大炮山烽火台遗址（王学雷供图）

小炮山烽火台遗址（王学雷供图）

附录四 大龙门及周边散落的历史遗物

明代大龙门长城遗址

后 记

本书为作者2019年承担的河北省社会科学基金项目之成果，项目编号：HB19YS047。

这本书终于要告一段落了，感慨万千，感谢为这本书付出的所有人。当然，一个致谢，几句话也无法表达我的真诚谢意，还是以后记的形式简要记录一下这本书的成书过程吧。

2016年，我带沧州师范学院学生去河北涞水大龙门村写生，才知道大龙门村西的龙门峡谷里有明清驻军遗留下的摩崖石刻。我是第一次见到这里的摩崖石刻，由于教学原因，连续去了几年。后来有机会申请了河北省社科基金课题，这才与大龙门正式结缘。断断续续从第一次见到摩崖石刻，到2019年申请课题立项，再到这本书的今晚搁笔，经历了整整五年时间，期间不知去了多少次。开始是为了写生，后来纯粹为了课题。立项时并没有觉得难，等书写起来才感觉到自己知识储备的匮乏，毕竟是学艺术出身，涉及到的历史专业太多了。我曾多少次想放弃，最终还是坚持下来，这离不开默默帮助我的老师和朋友们。

在课题的申报与撰写过程中沧州师范学院文学院的王桂宏老师、政史学院的于秀萍老师、教师发展中心主任何兰芝老师、传媒学院院长张海燕老师都给予了详尽指导与大力支持。尤其是在写作过程中多次请教于秀萍老师、文学院的王桂宏老师，张海燕院长。在书法方面，沧州九华斋的书法家武鸿君先生多次帮助辨认摩崖石刻字迹，查证资料。课题的顺利完成自然离不开我的课题组成员：石家庄学院的刘金敏老师利用自己的优势提前撰写了一篇摩崖石刻的文章并及时发表；沧州师范学院政史系孙甲智老师是历史专业出身，自然少不了一起探讨，一起外出考察调研；天津美术学院的吕铁元教授多次与我一起考察大龙门摩崖石刻，辨认摩崖石刻的内容；沧州师范学院美术学院副院长王通老师校对文字等工作。课题涉及的相关专业实在太多，每一个小问题都要深入考证，咨询相关专业人士。比如：考证方言这个问题，我多次电话咨询语言学方面的专家王桂宏教授、张海燕院长。她们又帮我咨询了全国语文群的专家老师，请教了专门研究语言的马英新博士。我又利用自己的同学关系网咨询了广州美术学院的赵千博士，佛山画院的孙文科画家，山西吕梁学院的武凌海老师，等等。像这样看似很小的问题都需要大量的咨询考证。因此，做一个涉及历史、军事、文学、语言学、书法艺术等多方面知识的课题是相当吃力的，没有他们的无私帮助，我是不可能完成的。

赵叔（赵曙光）原籍是大龙门村人，每次去大龙门考察赵叔都热情招待，带我去村里、镇上找他熟悉的那些对村里历史比较了解的人。赵叔已经接近七十岁的高龄了，在2019年酷暑亲自带我去阳明山寻找记载大龙门的二圣碑，上山没有路，满是荆棘、陡峭的山坡与乱石。我们两人背了几瓶水及简单的工具，每人手持一把镰刀。那才是真正的披荆斩棘。等到了目的地累的满脸通红，通身大汗，衣服湿的透透的，两个胳膊上都是被树枝刮的横一道竖一道的血线。还有赵波女士，陈玲女士，没有她们的写生基地我可能至今还不知道涞水有一个大龙门，有摩崖石刻。课题的顺利展开还得感谢保定市文物旅游局赵士忠老师的多方联系。让我认识了涞水文旅局夏长江书记、李卫民局长，文保所杨刚成所长，刘丽娟女士，他们均给予了我大力支持。在同学贾海涛的多方联系下，虽未谋面的保定电视台孙彬老师慷慨地把自己的资料倾囊相赠实在让人感动。涞水文保所的刘立绢女士多次给邮寄资料，感激之情无以言表。

在研究期间我还得到了大龙门村张庆华书记的大力支持，王学雷先生的几次校稿，提供相关资料信息，以及村里夏国友老人多次给我讲村里的历史、风土人情。感谢大龙门村原书记夏清通书记、张志深书记、张志祥书记，还有村民张志虎等等，该感谢的大龙门村人实在是太多了，他们是那么的热情，无私的给予我帮助。

课题前进的每一小步都要付出很多的艰辛。好在功夫不负有心人，随着课题研究的逐步深入，我们对大龙门村龙门峡摩崖石刻的了解加深，慢慢地揭开了它的神秘面纱。2021年春天涞水文旅局的夏长江书记转来一段2012年拍摄的《探索发现·龙门天关》视频，由此得知20世纪七八十年代原涞水县文保所所长朱学武是研究龙门峡摩崖石刻第一人。这是一个很重要的线索，兴奋之余马上联系涞水文保所的刘立娟女士，她说那是她的姨父，太巧了！而可惜的是朱老先生前年去世了，很遗憾刚刚得到的线索又断了。但是这段视频还是提供了一个重要线索——重修二圣祠残碑有对大龙门驻军的记载。于是我又辗转联系参与拍摄的三坡管委会主任曲宝军。他说，历史上曾经三次重修二圣祠，共有三个碑。一个在山上，就是真武庙那一个，一个在村里磨坊使用过很多年，正面碑文已经面目全非，只能依稀看到石碑四周少许文字，这是我曾经考察过的两个石碑。但在网上搜索一直说："万历四十八年（公元1620年）重修二圣祠记"，与那两块碑都对不上。这次终于明白

古隘书风——河北龙门峡摩崖石刻研究

了，原来还有一个。遂电话询问这块碑的去处，曲主任说就在大龙门村的一户人家里，具体情况他也记不清了，但大龙门村老书记张志深应该知道，因为当年他也参与拍摄了。电话又转到了老书记那里，结果他说应该就是面目全非的那一座石碑，他都记不准了，村子里人也不在意，线索就这样断了。后又多次询问大龙门村人，没有一个有印象的，似乎得到的线索就此失去。现任大龙门村支书张庆华也对我的工作非常支持，后来终于在他那里找到了突破口：儿时记忆里，他家的后邻曾经有两块残碑。有线索就马上行动，对照视频多方考证，终于找对了地方，石碑的主人（早年石碑不被重视，大多散落在各家各户）是一个年逾八十的老者，前几年生过一场病，记忆力衰退，已经不记的石碑的去向，刚刚得到的一线希望又破灭了。不过此次没有白来，在老人家的厕所里见到一块残碑，碑成了旱厕的搭板。农村的旱厕可以想象味道是多么的难闻。为了我的研究，张书记戴着口罩，不辞辛苦，顶住难闻的气味。经过多次冲刷，终于露出字迹来。所以说，我的课题研究每向前一小步，都有许许多多的朋友为此书付出大量的艰辛，这是常人难以想象的。

摩崖石刻、村子里散落的石碑，大龙门村每个人都很熟悉，但要具体问起其中的缘故来，又都说不出来，熟悉到视而不见。至今有多少摩崖石刻众说纷纭，有说二十几处，有说三十几处，没有统一的数字，问到具体摩崖石刻的位置，除了明显的18处，其他的谁也说不上来在什么地方。2012年的《探索发现·龙门天关》中说有19处好辨认，还有二十几处不易辨认的地方，基本与我实地考察吻合。而其中"清泉泄涧"费了一些功夫，要不是对着探索发现的视频，根本发现不了。我通过多次实地考察共发现19处摩崖文字石刻，3处佛造像。

篇幅有限，简短的一篇后记是不可能记录这几年我们研究龙门峡摩崖石刻的整个过程，也不能一一列举出所有对我有过无私帮助的人。在多次走访大龙门村期间，夏国友老人非常热情，对我的工作给予了鼎力支持，每次去大龙门村都会给我提供一些相关信息。2021年春节期间多次打电话联系夏国友老人未接通，3月19惊闻老人春节前已经去世，很可惜我的书他不能看到了。此书的出版也是对他老人家的一个纪念吧。

虽然今天这个课题算是告一段落了，但是并没有太多的喜悦之情。因为我给自己设立的目标并没有完全达到。比如，本书最核心的部分摩崖石刻，由于年代久远大部分落款风化不清，距地面又较高，导致无法辨识作者，这是非常核心的问题。要想解决这个问题，需要征得文旅管理部门的批准，还得耗费大量的人力、物力，室外施工，近距离观察辨认，或做拓片，这绝不是我个人能力能所及的，只能等待时机成熟再做进一步的研究。

后记

  近些年摩崖石刻受自然环境的影响在慢慢风化，村子里的一些重要文物也有不同程度的损毁或消失，我一直在与时间赛跑，抓紧时间整理。几百年的历史沉淀仿佛就在一瞬间，岁月带走了往昔的金戈铁马，但守关将士们的耿耿军魂、默默岁月早已深深嵌入了摩崖石刻文字之中，这些明代守关将士的后世子孙们继续默默守护着祖先留下的遗迹，延续着甘于寂寞、不屈不挠的边关军魂。希望通过本书让世人更多地了解大龙门的摩崖石刻，了解其中的关隘文化和不屈的边关精神。

  由于本人学识有限，书中遗漏或者不足在所难免，恳切希望广大读者提出宝贵建议，批评指正！

刘国胜

2021年8月24日